Elogios ao
MENTOR para MILHÕES

"O fracasso não é fatal. Podemos escolher ficar no topo de nossa pilha de fracassos ou sermos enterrados por ela. Em *Mentor para Milhões*, Mark Timm e Kevin Harrington... nos mostram a mentalidade, o foco e o plano de ação de que precisamos para transformar o fracasso pessoal e profissional em sucesso exponencial."

— **Dave Ramsey,** autor de best-sellers e apresentador de rádio

"Aperte o cinto e prepare-se para uma viagem incrível... Inspirador, fundamentado e incomensuravelmente prático. Não perca a mensagem de Kevin e Mark que mudará sua vida."

— **Les Parrott,** PhD, autor de best-sellers #1 do
New York Times e fundador do BetterLove.com

"Um recurso poderoso. Deixe Mark Timm e Kevin Harrington equipá-lo para que você possa desenvolver a orientação e o foco necessários e, assim, recuperar o equilíbrio entre o trabalho e a vida pessoal e experimentar a vida que deseja."

— **Michael Hyatt,** autor de best-sellers do
New York Times e do *Wall Street Journal*

"Se você quer conhecer as lições e fórmulas que Kevin e Mark aprenderam nos últimos 30 anos... leia este livro."

— **Joe Polish,** fundador da Genius Network

"Abordagem inegavelmente poderosa, perspicaz e vulnerável para a vida e para os negócios. Leitura obrigatória!"

— **Dan Sullivan,** Coach Estratégico

"Kevin Harrington oferece a você a curiosidade e as ferramentas necessárias para encontrar novas soluções, colocar suas ideias no mercado e aprender a dimensionar e construir relacionamentos duradouros. *Mentor para Milhões* é como ter Kevin como seu mentor pessoal!"

— **Barbara Corcoran,** mulher de negócios e Shark em *Shark Tank*

"Há uma fórmula secreta que explica por que Kevin Harrington se tornou um dos empreendedores de maior sucesso da atualidade. Neste livro, Mark e Kevin colocaram esta fórmula em uma estrutura que mostra como altos níveis de sucesso podem ser alcançados por qualquer um."

— **Roland Frasier,** diretor das empresas DigitalMarketer.com,
Scalable.co, All Channels Media e LLC

"Em *Mentor para Milhões*, Mark e Kevin traçam um plano simples, mas incrivelmente eficaz, para que você possa duplicar os sucessos dos quais ambos desfrutam."

— **Ray Edwards,** especialista em comunicação,
consultor de marketing, autor e redator

"O que você faria de diferente se sua vida realmente impulsionasse os seus negócios? Leia *Mentor para Milhões* e aprenda como o que você faz quando não está trabalhando aumentará o seu sucesso no trabalho — e em outros lugares."
— **Dave Asprey,** fundador da Bulletproof 360

"Este é um livro inspirador construído em torno de uma ideia que vai esclarecer, energizar e transformar a dinâmica de sua família, bem como ajudá-lo a prosperar profissionalmente."
— **Michael Jr.,** comediante

"Este livro mudará a sua vida."
— **Sonia Ricotti,** autora do best-seller #1 *Unsinkable*

"Durante 30 anos, Kevin Harrington tem trazido sua mensagem empreendedora aos alunos da Babson College — a líder global em educação empreendedora. Kevin e Mark Timm mostraram um caminho holístico para este sucesso... Uma leitura inspiradora."
— **Stephen Spinelli Jr., PhD,** presidente da Babson College, fundador da Jiffy Lube e diretor da Planet Fitness

"Este livro vai fundo nos medos e nas limitações que mantêm os empreendedores e os negócios emperrados [e] mostra exatamente como superá-los."
— **Jay Abraham,** empresário, palestrante e autor

"A autenticidade e a paixão de Kevin e Mark para servir aos outros... é o que diferencia este livro."
— **Michelle Prince,** autora de best-sellers, palestrante e editora

"Kevin... é o exemplo a seguir, o líder com quem aprender, o mentor que é um modelo."
— **Mike Calhoun,** CEO da BoardofAdvisors.com

"Enquanto eu lia *Mentor para Milhões*... meu pensamento esmagador era que eu adoraria estagiar com Mark e Kevin e ser uma mosquinha na parede deles. Leitura absolutamente indispensável!"
— **David J. Thompson,** cofundador da Bright Line Eating

"*Mentor para Milhões* compartilha lições de negócios e família com as quais qualquer um se identifica e aprende."
— **Brian D. Evans,** empreendedor da Inc. 500

"Indispensável a qualquer profissional... um sistema poderoso, prático e simples para liderar sua família como uma empresa."
— **Lori Taylor,** fundadora e CEO da Trupet

"Absolutamente extraordinário... ótimo lembrete de que tudo é possível."
— **Dr. Greg Reid,** autor da série *Think And Grow Rich*

MENTOR PARA MILHÕES

KEVIN HARRINGTON

MARK TIMM

MENTOR PARA MILHÕES

SEGREDOS DE SUCESSO NOS NEGÓCIOS, NOS RELACIONAMENTOS E MUITO MAIS

ALTA BOOKS
EDITORA
Rio de Janeiro, 2022

Mentor para Milhões

Copyright © 2022 da Starlin Alta Editora e Consultoria Eireli.
ISBN: 978-65-5520-543-5

Translated from original Mentor to millions. Copyright © 2020 by Kevin Harrington and Mark Timm. ISBN 978-1-4019-5910-4. This translation is published and sold by permission of address Hay House, Inc., the owner of all rights to publish and sell the same. PORTUGUESE language edition published by Starlin Alta Editora e Consultoria Eireli, Copyright © 2022 by Starlin Alta Editora e Consultoria Eireli.

Impresso no Brasil — 1ª Edição, 2022 — Edição revisada conforme o Acordo Ortográfico da Língua Portuguesa de 2009.

Todos os direitos estão reservados e protegidos por Lei. Nenhuma parte deste livro, sem autorização prévia por escrito da editora, poderá ser reproduzida ou transmitida. A violação dos Direitos Autorais é crime estabelecido na Lei nº 9.610/98 e com punição de acordo com o artigo 184 do Código Penal.

A editora não se responsabiliza pelo conteúdo da obra, formulada exclusivamente pelo(s) autor(es).

Marcas Registradas: Todos os termos mencionados e reconhecidos como Marca Registrada e/ou Comercial são de responsabilidade de seus proprietários. A editora informa não estar associada a nenhum produto e/ou fornecedor apresentado no livro.

Erratas e arquivos de apoio: No site da editora relatamos, com a devida correção, qualquer erro encontrado em nossos livros, bem como disponibilizamos arquivos de apoio se aplicáveis à obra em questão.

Acesse o site www.altabooks.com.br e procure pelo título do livro desejado para ter acesso às erratas, aos arquivos de apoio e/ou a outros conteúdos aplicáveis à obra.

Suporte Técnico: A obra é comercializada na forma em que está, sem direito a suporte técnico ou orientação pessoal/exclusiva ao leitor.

A editora não se responsabiliza pela manutenção, atualização e idioma dos sites referidos pelos autores nesta obra.

Dados Internacionais de Catalogação na Publicação (CIP) de acordo com ISBD

H299m Harrington, Kevin
Mentor para milhões: segredos de sucesso nos negócios, nos relacionamentos e muito mais / Kevin Harrington, Mark Timm; traduzido por João Guterres. – Rio de Janeiro : Alta Books, 2022.
192 p. ; 16m x 23cm.

Tradução de: Mentor To Millions
Inclui índice.
ISBN: 978-65-5520-543-5

1. Autoajuda. 2. Empreendedorismo. 3. Sucesso nos negócios. I. Timm, Mark. II. Guterres, João. III. Título.

2022-430
CDD 158.1
CDU 159.947

Elaborado por Odílio Hilario Moreira Junior - CRB-8/9949

Índice para catálogo sistemático:
1. Autoajuda 158.1
2. Autoajuda 159.947

Produção Editorial
Editora Alta Books

Diretor Editorial
Anderson Vieira
anderson.vieira@altabooks.com.br

Editor
José Ruggeri
j.ruggeri@altabooks.com.br

Gerência Comercial
Claudio Lima
comercial@altabooks.com.br

Gerência Marketing
Andrea Guatiello
marketing@altabooks.com.br

Coordenação Comercial
Thiago Biaggi

Coordenação de Eventos
Viviane Paiva
eventos@altabooks.com.br

Coordenação ADM/Finc.
Solange Souza

Direitos Autorais
Raquel Porto
rights@altabooks.com.br

Assistente Editorial
Mariana Portugal

Produtores Editoriais
Illysabelle Trajano
Larissa Lima
Maria de Lourdes Borges
Paulo Gomes
Thales Silva
Thiê Alves

Equipe Comercial
Adriana Baricelli
Daiana Costa
Fillipe Amorim
Kaique Luiz
Maira Conceição
Victor Hugo Morais

Equipe Editorial
Beatriz de Assis
Brenda Rodrigues
Caroline David
Gabriela Paiva
Henrique Waldez
Marcelli Ferreira

Marketing Editorial
Jessica Nogueira
Livia Carvalho
Marcelo Santos
Thiago Brito

Atuaram na edição desta obra:

Tradução
João Guterres

Copidesque
Cristina Parga

Revisão Gramatical
Cintia Salles
Ana Mota

Diagramação
Heric Dehon

Capa
Paulo Gomes

Editora afiliada à: ABDR ASSOCIAÇÃO BRASILEIRA DE DIREITOS REPROGRÁFICOS

ASSOCIADO CBL Câmara Brasileira do Livro

ALTA BOOKS EDITORA

Rua Viúva Cláudio, 291 — Bairro Industrial do Jacaré
CEP: 20.970-031 — Rio de Janeiro (RJ)
Tels.: (21) 3278-8069 / 3278-8419
www.altabooks.com.br — altabooks@altabooks.com.br
Ouvidoria: ouvidoria@altabooks.com.br

Quero dedicar este livro ao meu pai, Charlie. Ele foi meu primeiro mentor e moldou meu espírito empreendedor. Espero ser um mentor tão bom para outros empreendedores quanto ele foi para mim e, se tiver sorte, esse livro compartilhará parte desta sabedoria com você, leitor.

— *Kevin Harrington*

Quero dedicar este livro a Zig Ziglar, o grande motivador e disruptor. Tive a benção de tê-lo como mentor quando eu era jovem, o que mudou a trajetória da minha vida. Esta relação me levou a uma busca constante por mentores e a ser um mentor para outras pessoas. Algumas décadas depois, conheci Kevin Harrington através dos filhos de Zig – Tom, Juli e Cyndi –, o que nos levou diretamente a esse livro. A famosa frase de Zig, "Você pode ter tudo o que deseja na vida se ajudar outras pessoas a conseguirem o que desejam", foi a base da nossa relação de mentoria e deu início à escrita desse livro. Que este livro sirva como motivação para que você se torne um mentor para outras pessoas ou encontre o mentor certo para a sua vida – ou ambos – porque tal relação não tem preço.

— *Mark Timm*

SUMÁRIO

Prefácio..**XI**
Prólogo..**XV**

Capítulo Um..1
    Mas... Por que Kevin?

Capítulo Dois..17
    Desenvolva a Mentalidade Certa

Capítulo Três..33
    Curiosidade Agressiva

Capítulo Quatro...47
    Concentre-se e Trace um Plano

Capítulo Cinco...61
    Tome uma Atitude

Capítulo Seis..75
    Do Fracasso à Fênix

Capítulo Sete 87
   Multiplique seus Esforços

Capítulo Oito 99
   Monte a sua Equipe dos Sonhos

Capítulo Nove 111
   Ganhe Escala (Em Tudo)

Capítulo Dez 125
   O Retorno à Babson

Epílogo 135
   "Temos Que Ser Timms"

   Recursos Gratuitos para o seu Sucesso 143
   Mas Espere, ainda tem Mais! 147
   Agradecimentos 153
   Sobre os Autores 159
   Índice 161

PREFÁCIO

Muito Mais Do Que Isso

Este não é apenas outro livro sobre sucesso empresarial. É muito mais do que isso.

Se você quer saber como Kevin Harrington fundou mais de vinte empresas que superaram cem *milhões* em vendas, este é um bom livro para você.

Mas ele é muito mais do que isso.

Se você quer uma forma simples de abordar seus negócios com lógicas específicas e passos concretos que o levarão ao sucesso empresarial, este é um bom livro para você.

Mas ele é muito mais do que isso.

Este livro é sobre muito mais do que apenas ter sucesso financeiro.

Certa vez, meu pai disse: "O dinheiro pode comprar uma cama, mas não uma boa noite de sono; uma casa, mas não um lar; uma companhia, mas não um amigo."

Mentor para Milhões traz em seu âmago a razão pela qual queremos um negócio de sucesso em primeiro lugar – para aprimorar e enriquecer os relacionamentos que mais valorizamos: aqueles com as nossas famílias, nossos amigos, nossos parceiros e com aqueles a quem servimos por meio de nossos negócios.

Quando começamos a sonhar em abrir nosso negócio, pensamos em todo o sucesso que teremos. Esses pensamentos mantêm nosso sangue fluindo e nossa imaginação agitada. Desenvolvemos uma imagem vívida de "antes e depois" e, com energia ilimitada, enfrentamos todos os desafios que temos pela frente. Os dias e as horas rapidamente se tornam semanas e meses. A rotina começa e dizemos a nós mesmos que os custos do relacionamento fazem parte do "preço" de fazer negócios.

PARE. Isso é mentira. Você não precisa sofrer com relacionamentos danificados, distantes e rompidos enquanto cria o negócio dos seus sonhos.

No entanto, você precisa ser mais intencional do que nunca sobre eles. Acredito que Deus nos criou para nos relacionar, e um negócio bem feito gira em torno dos relacionamentos em nossa vida – não o contrário.

Aposto que muitos que leem agora estão lutando para visualizar isso. Estão lutando para aceitar a ideia de que as suas relações não precisam ser afetadas pelos negócios e vice-versa. Provavelmente, vocês estão lidando com isso e fazendo o melhor que podem – e tudo bem.

Porque esse livro mostrará que vocês não estão sozinhos.

A vida de Mark Timm é algo com que muitos empreendedores apenas sonham – mas ele não a conquistou facilmente. Houve um momento em sua vida em que ele percebeu que obteve todos os seus sucessos à custa de um relacionamentos interpessoal profundo com a esposa e os filhos.

Em vez de aceitar que a agitação era a maneira como as coisas deveriam ser, ele decidiu fazer uma mudança. Ele não precisava mais escolher entre os negócios e a sua família. Ele faria a coisa certa. E se tornaria o tipo certo de empreendedor.

Daquele que investe no negócio de família.

A história a seguir o ensinará a ter sucesso nos negócios, com certeza. Mas incorporadas a essas lições estão alguns contos de como Mark aprendeu os verdadeiros significados de amizade, amor e esperança, aprendidos direta e indiretamente, com um dos maiores empresários do mundo – nosso amigo Kevin Harrington.

Quando cheguei ao epílogo de *Mentor para Milhões*, posso dizer, honestamente, que poucas pessoas me tocaram assim. Foi poderoso. Lindo. Chegou a me levar às lágrimas. É um *epílogo épico*! Você tem que resistir à tentação de avançar rápido até ele. Confie em mim, vale a pena esperar. Além disso, esteja preparado: você pode ter problemas para colocar este livro de lado depois que começar.

Porque ter os negócios e a vida familiar que você sempre quis pode parecer bom demais para ser verdade.

Prometo a você que não.

Você está pronto para se tornar o *tipo* certo de empreendedor? Está pronto para ter muito mais do que espera?

Então vire a página e deixe Mark e Kevin te mostrarem como.

Tom Ziglar
CEO da Ziglar Inc
Filho orgulhoso de Zig Ziglar

PRÓLOGO

Quando estava quase na porta da garagem, percebi que não queria voltar para casa.

Eu deveria querer. Meu dia de trabalho tinha sido incrível, um sonho para qualquer empresário. Tinha me superado completamente. Foi um daqueles dias em que tomei 100 decisões de negócios e em 99 eu mandei muito bem – e consegui uma venda incrivelmente grande. Tive ótimas reuniões, ótimas ligações – tudo estava ótimo.

A rampa de acesso para a minha garagem tem cerca de meio quilômetro e na curva há uma pequena subida, de modo que até você chegar ao topo ninguém sabe que você está quase na garagem. Conforme me aproximava da subida, antes que alguém em casa pudesse me ver, parei o carro. E fiquei ali sentado.

Fiquei ali, com o carro parado. Não queria que a euforia daquele dia incrível terminasse. Foi um dia maravilhoso, e nada poderia ter sido melhor – mas eu sabia que assim que chegasse ao final da rampa e entrasse em casa, seria atingido pelo caos e pela confusão da minha família.

A euforia iria acabar.

Não era culpa deles. Minha esposa e meus filhos não compreenderiam o que eu fiz. Minha filha sequer conseguia soletrar *empresário*, muito menos entender o que o papai fazia o dia inteiro. Eu não podia compartilhar com eles a alegria que estava sentindo naquele dia. Eles simplesmente não entenderiam. Assim que cruzasse a porta, sabia que seria afetado pela loucura que é a família e a energia que tinha sentido o dia todo se dissiparia em um instante.

O que havia de errado comigo? Pedir falência e perder o seu negócio – isso sim é uma razão para não querer ir para casa. Esse é um motivo para se sentar no carro e tentar descobrir como você vai se explicar para a sua família.

Minha situação era exatamente o contrário – mas aqui estava eu, paralisado.

Senti-me culpado por não querer ir para casa. Tenho a profunda sensação de que fui colocado neste mundo para ser pai e marido, muito mais do que CEO e empresário. No entanto, meus negócios vinham em primeiro lugar e ficavam com o meu melhor, enquanto minha família vinha por último e ficava com o que sobrasse.

É muito fácil justificar essas decisões; você diz a si mesmo que está sustentando a sua família – quem irá contra-argumentar? Eu viajava o tempo todo e perdia jogos e eventos porque estava fazendo negócios. E tudo o que fazia era para o bem deles.

Ainda assim, lá no fundo, eu sabia que todos estamos aqui para fazer algo a mais do que apenas vender alguns *Widgets* e ganhar dinheiro. Minha família e minha empresa competiam entre si, pressionando-se mutuamente em direções opostas, em vez de trabalharem juntas, harmoniosamente.

Não deveria ser assim, mas eu não sabia como mudar essa situação.

Como a vida familiar podia ser tão difícil para mim enquanto os negócios eram tão fáceis? Como eu podia tomar centenas de decisões no trabalho com tanta certeza e clareza; porém, na primeira decisão em casa, gerar tanta confusão?

Como poderia justificar o desejo de trabalhar até tarde para evitar que a onda de sucesso acabasse, quando, para isso, ignorava as pessoas de quem mais gostava?

Foi quando uma ideia me acertou em cheio.

E se eu invertesse toda essa equação?

E se o negócio mais valioso que eu possuísse, operasse ou tivesse o privilégio de fazer parte não fosse aquele que me deu todas as vitórias naquele dia?

E se fosse aquele para o qual eu estava indo, ao retornar para casa?

Naquele momento, meus negócios continuavam sendo meus negócios. Minha casa estava no mesmo lugar. Eu ainda tinha a mesma família. Ainda voltava para eles na mesma picape F-150 com a qual saí naquela manhã. Com essa pergunta, minha mentalidade se alterou de uma forma incrivelmente poderosa – e tudo mudou.

Na minha garagem, naquele momento, *decidi que trataria minha família como um negócio, e não como uma obrigação ou um compromisso.*

Seríamos uma empresa real, com resultados financeiros e valor empresarial. Eu pegaria todas as coisas em que sou bom nos negócios e as aplicaria no negócio da família. Para cada anotação que fazia nas sessões e conferências de mentoria, fazia outras duas sobre como poderia aplicar esses princípios ao nosso novo empreendimento familiar

Fiz de minha família uma corporação.

A partir dali, tudo o que eu fizesse bem no meu negócio externo, aplicaria no negócio da família. Começamos a ter reuniões familiares nas noites de domingo. Temos um logotipo e uma declaração de missão. Temos reuniões de acionistas. Meu filho mais novo e eu temos o mesmo número de ações da companhia.

No meu trabalho, usamos o perfil de personalidade DISC. Toda a minha família fez o teste de perfil dessa metodologia e, acredite ou não, funciona tão bem para as famílias quanto para as empresas. Aquilo permitiu à minha família saber que somos diferentes. Nossos filhos simplesmente pensavam que os irmãos eram estranhos – não entendiam que todos nós nascemos diferentes.

Até os conceitos de marketing foram aplicados ao nosso novo empreendimento. Perguntamos a nós mesmos: o *que significa ser um Timm? O que o seu nome significa na escola, na igreja ou no seu grupo de amigos? O que você representa? Qual é o seu patrimônio?* Cada família tem um resultado financeiro que não pode ser medido em dólares e centavos. É muito mais provável que seja medido em relacionamentos e impacto.

Fazer tudo isso me deu a capacidade de abraçar totalmente essa jornada de ser um empreendedor. E também permitiu à minha família fazê-lo. Em vez de sentir a resistência deles, agora eu ouço: "Pai, aprenda mais coisas para trazer para a gente. É legal!".

Coincidentemente – ou talvez não, dependendo do seu ponto de vista – foi isso que nos inspirou a assistir *Shark Tank* juntos, regularmente. (Caso você não conheça, é um programa de TV que mostra aspirantes a empreendedores apresentando seus negócios para um painel de cinco investidores – ou "sharks" – que decidem se os apoiam ou não). Éramos agora uma empresa familiar, então, que programa melhor para vermos juntos do que aquele, cuja abordagem fala basicamente de negócios? Minha filha de 10 anos, Mary, decidiu que Kevin Harrington, gênio empresarial e pai do infomercial, era o seu Shark favorito.

Seu fascínio por ele me fez pensar.

Sempre fui bom em coaching e mentoria. Antes de minha epifania na garagem, eu só queria ser empresário para ganhar muito dinheiro para dar à minha família. Agora, eu queria aprender com os melhores empreendedores do mundo; não apenas para ser bem-sucedido, mas para aplicar os seus *conhecimentos* em minha família.

Ao ver Kevin dar conselhos a donos de empresas promissores toda semana, perguntei-me: *quem me ensinou as melhores ideias capazes de tornar nossa corporação familiar um sucesso?*

Então lembrei: Zig Ziglar.

Zig foi um mentor para mim quando eu ainda era um empresário promissor – na verdade, um empresário acidental. Conheci Zig pessoalmente em 1990, em Kansas City, Missouri, na FFA (*Future Farmers of America*, ou Futuros Agricultores da América). Após conversarmos por um tempo, ele colocou a mão no meu ombro, olhou-me nos olhos e disse: "Jovem, acredito em você. Quer vir a Dallas, Texas, como meu convidado pessoal na minha conferência *'Born to Win'*?". Essa conferência era o programa de treinamento de ponta de Zig para CEOs e outros executivos. Ali estava eu, literalmente um garoto do interior, criado em "algum lugar" em Indiana. Disseram-me que eu deveria ir à escola, obter um diploma universitário e conseguir um emprego bom e estável trabalhando para alguém. Não cresci para ser empresário e certamente não fui educado para sê-lo. Eu precisava de Zig para me ajudar a ter coragem para começar minha própria jornada empresarial, já que não tinha ninguém para me orientar. O resto, como dizem, é história.

Existe melhor forma de ajudar a construir o "negócio" da minha família do que transmitir a eles as lições que Zig me ensinou?

E foi exatamente o que eu fiz.

Eu os fiz mergulhar nas lições de Zig. Ensinei sobre motivação, inspiração e mentalidade, exatamente como ele fez comigo. Meu filho Markus já ouviu o primeiro discurso de Zig, "*Biscuits, Fleas and PumpHandles*", pelo menos dezessete vezes, a ponto de praticamente poder citá-lo palavra por palavra.

Foi lindo ver meus filhos não apenas abraçarem a sabedoria de Zig, mas integrá-la efetivamente e colocá-la em ação. Nossa pequena corporação familiar estava se formando e a lacuna entre minha empresa e minha família era preenchida de uma forma que eu só poderia imaginar.

Mas ainda faltava alguma coisa.

Eu ainda sentia esse buraco que não estava sendo preenchido pelo que estava acontecendo e não entendia – de início. Então, enquanto continuava como mentor dos meus filhos, tive um estalo. Percebi que eu não tinha meu próprio mentor.

É claro que Zig me ensinou coisas no passado, mas a maioria girou em torno de motivação pessoal e inspiração.

Agora ali estava eu, empresário e mentor – mas ainda sem um mentor presente em tempo real na minha vida.

E, pela primeira vez, senti essa ausência. Era como um buraco em minha vida que eu sequer tinha percebido. Não tinha ideia de onde encontrar um mentor. Quer dizer, o único mentor que já tinha tido em minha vida havia sido um de longe e Zig estava morto há muito tempo.

Onde um homem adulto pode encontrar um mentor?

Não tinha ideia de como lidar com isso, e me sentia frustrado. Mary e eu estávamos assistindo *Shark Tank* quando ela perguntou:

"O que houve, papai?"

Tenho a política de ser estritamente honesto com meus filhos, então contei a ela o que sentia: "Bem, querida, eu estava pensando que, apesar de orientar vocês, não tenho um mentor. Gostaria de ter, mas realmente não sei onde achar um".

"Pai, eu sei! Por que você não pede a Kevin Harrington para ser o seu mentor?"

Eu ri. O entusiasmo dela era muito caloroso e contagiante, mas eu não me iludia sonhando em ter Kevin Harrington como meu mentor – sem chance.

Expliquei a ela que Kevin tinha mais de vinte empresas e gerava centenas de milhões em lucros. Ele era um verdadeiro empreendedor em série, solicitado em todo o mundo. E, certamente, não teria tempo para alguém como eu.

No entanto, Mary não era do tipo que desiste tão fácil.

"Mas pai, Kevin está na TV para ajudar empreendedores como você! Por que ele não pode te ajudar? Aposto que pode, você só tem que pedir. Zig Ziglar não diz que você pode ter tudo o que deseja na vida, se ajudar outras pessoas a conseguirem o que desejam?"

Eu ri. A aluna já estava ensinando. "Sim, ele disse isso. OK, Mary, vou procurá-lo."

Sinto-me péssimo agora, mas menti para ela. Disse que o procuraria da boca para fora, sabendo que jamais o faria.

E nunca o fiz. Sou um empreendedor que assume riscos – mas também sou realista. Teria que encontrar um mentor em outro lugar.

Meses depois, as coisas começaram a ir tão bem com a mentoria da minha família que decidi procurar a família de Ziglar para falar sobre nosso pequeno experimento. Eles se apaixonaram imediatamente pelo conceito – tanto que decidimos trabalhar juntos em uma *joint venture* chamada "Ziglar Family", que visa ajudar as pessoas a saírem do modo de sobrevivência e prosperar.

Conforme trabalhamos juntos e o projeto criou vida, o CEO da Ziglar Family me chamou. Ele queria expandir o programa e tinha algumas ideias a respeito.

"Mark, essas ideias são ótimas. Quero que você converse e, possivelmente, trabalhe com um de nossos consultores empresariais. Você deve ter ouvido falar dele, é muito conhecido."

"Sério?", eu disse. "Quem é?"

"Kevin Harrington. Ele está em *Shark Tank*. Você assiste?"

Eu não podia acreditar.

Comecei a rir alto no telefone. Tive que explicar ao CEO que não estava rindo da ideia – que, na verdade, tinha amado a ideia.

Sou um homem religioso, mas, mesmo que não fosse, isso poderia me fazer acreditar em Deus. Porque, sério – quais eram as chances?

Kevin e eu conversamos pela primeira vez ao telefone e imediatamente nos demos bem. A primeira ligação levou a uma série de telefonemas, muitos na mesa da minha cozinha, com Mary ouvindo ansiosamente ao lado.

Kevin concordou imediatamente em trabalhar conosco no projeto Ziglar e, embora fosse incrível e emocionante, o que se tornou óbvio – quase imediatamente – mesmo na conversa mais básica, eu aprendia mais com ele do que jamais havia aprendido trabalhando por conta própria como empresário. Ele estava me ensinando, e nem percebia.

Na missão de oferecer mentoria ao meu negócio da família, encontrei um mentor e as lições que buscava – e queria mais. Muito mais. Não apenas lições, mas o tempo dele, para construir mais do que uma relação pupilo-mentor. Queria desenvolver um relacionamento baseado na confiança e no respeito.

Desde então, Kevin e eu embarcamos em muitas aventuras juntos. De fato, quando este livro estava sendo escrito, estávamos envolvidos em dez empreendimentos diferentes – tudo por causa daquele primeiro. Alguns darão muito mais retorno do que o primeiro, mas sem ele jamais teríamos desenvolvido esse relacionamento. Aquele projeto preparou o terreno para percebermos que realmente gostamos de trabalhar juntos, bem como apreciamos e respeitamos um ao outro.

Também permitiu que eu visse, em primeira mão, que o sucesso de Kevin não veio por acaso e não tinha nada a ver com sorte.

E me ajudou a perceber mais: eu também tinha valor a dar a ele. Levou alguns anos para eu ver isso, mas com o tempo acabou vindo à tona.

Começou quando eu perguntei a ele: "Como você conseguiu escalar repetidamente os negócios para 100 milhões de dólares ou mais?".

Ele responderia de uma forma relevante para o momento da pergunta, e eu aprenderia muito.

Mas então outra pessoa faria a ele uma pergunta semelhante algumas semanas depois, em um contexto diferente, e ele daria outra ótima resposta – que seria um pouco diferente da anterior, porque o contexto da pergunta era diferente.

Eu vi isso acontecer várias vezes. Kevin sabia exatamente o que estava fazendo, mas não sabia como explicar o que fazia com base em um sistema ou uma fórmula aperfeiçoada ao longo de décadas de resultados consistentes.

Ainda assim, quanto mais tempo passava com ele, mais era óbvio que *havia* uma fórmula que ele usava continuadamente em seus esforços empresariais.

Fiquei obcecado em descobrir exatamente que fórmula era essa. Fiz disso uma missão pessoal. Como ele *fazia* isso?

Era tão raro ver esse tipo de negócio ter sucesso uma vez, quanto mais duas – porém, mais de vinte vezes? Nada que aconteça tantas vezes é acidente ou coincidência. Havia um padrão no seu sucesso e eu estava determinado a descobri-lo.

O que descobri nesta jornada foi simplesmente incrível. Foi uma aula master de empreendedorismo e negócios que eu nunca pensei ser possível.

E esse livro trata de compartilhar com você o que Kevin me ensinou.

Quero que você viva o que vivi – não apenas a mudança na minha mentalidade sobre os negócios, mas também na maneira como eu interagia com a minha família.

Meu tempo com Kevin impactou dramática e positivamente a relação que tenho com meus filhos e minha esposa. Hoje, quase todos os meus relacionamentos são muito mais profundos e fortes do que antes, quando eu apenas interagia com eles em casa como pai ou marido, compartilhando o empreendedor que havia em mim.

O que você está prestes a ler não é apenas a minha interpretação das palavras de Kevin. Nessa jornada em que embarcamos juntos, será como se você ouvisse as palavras de sua própria boca. Meu único papel aqui é ajudar a organizar tudo em uma estrutura que você possa usar em sua vida. Vou compartilhar como fui capaz de aplicar essas lições não apenas a mim, mas aos meus negócios e à minha família.

Aprendi como expandir ambos, meus negócios e minha família. Também aprendi como expandir uma amizade – e nesta jornada comigo, Kevin também.

CAPÍTULO UM

MAS… POR QUE KEVIN?

Vamos voltar às minhas primeiras ligações para Kevin.

Durante um desses telefonemas, sentei à mesa da cozinha com minha filha Mary, que, na época, tinha 14 anos. Ela se remexia em seu assento, até que finalmente bateu no meu braço.

"O que é?", sussurrei, cobrindo o bocal.

"Quero falar com ele!", ela disse, em um sussurro audível.

"Sem chance", respondi.

Mary juntou as mãos em posição de oração e fez beicinho. "Por favor."

Kevin deve ter percebido a minha distração. "Tudo bem por aí?"

Fiz sinal com a mão para que ela esperasse. "Ah, sim, Kevin. Desculpe. Estou sentado aqui com minha filha, ela é sua fã e..."

"Sério? Deixa eu falar com ela."

Mary deve ter ouvido através do fone, porque os nossos queixos caíram simultaneamente. Eu sequer sonhava em realmente pedir a Kevin para falar com minha filha adolescente, muito menos pensei que ele se disporia a fazê-lo. Estiquei o fone para ela, que balançou a cabeça.

"Como assim, 'não'?", sussurrei.

"O que devo dizer?", ela sussurrou de volta.

"É melhor que você descubra", disse e entreguei a ela o telefone.

Ela levou o telefone para o ouvido lentamente. "Hum. Oi, aqui é a Mary."

Querendo ouvir os dois lados da conversa, fiz um sinal para que ela colocasse no viva-voz. Ela o fez e depositou o telefone na mesa.

"Oi, Mary. É um prazer te conhecer. Sou eu, Kevin. Então, o que você quer saber?"

Mary olhou para mim com os olhos arregalados. Fiz um movimento com as mãos, pedindo para ela falar.

"Você era o meu Shark favorito no programa", ela disse. "Por que você saiu?"

Tenho que admitir que eu estava me coçando para fazer essa pergunta.

"Ótima pergunta, Mary. Então, para ser sincero, nem todo mundo que foi ao programa precisava de um investimento — alguns só precisavam de ajuda. Precisavam de conselhos e orientações, e preferi dar essa ajuda a eles em vez de fazer um investimento. Infelizmente, este não era o objetivo do programa e, no fim das contas, senti que poderia fazer mais pelos empreendedores fora dele, fornecendo-lhes a mentoria de que precisavam para ter sucesso. No programa havia, na melhor das hipóteses, dezenas de negócios aos quais eu estaria exposto em uma temporada. Isso não era o suficiente — eu queria ser um mentor para milhões!

"Dito isso, Mary, eu adorava o programa. Foi uma oportunidade fantástica tanto para mim quanto para os empreendedores com quem trabalhei. Não trocaria isso por nada, mas tinha que fazer o que me parecia certo, que era criar um verdadeiro cenário em que todos ganham — tanto eu como os empreendedores que encontrei. E Mark Cuban é ótimo, ele entrou e está fazendo um trabalho realmente excelente."

Mary tinha um sorriso de orelha a orelha — e eu também. Uma chama se acendeu em nós dois. O fato de ele ter deixado um programa de sucesso estrondoso porque queria ajudar empreendedores promissores confirmou tudo o que pensávamos sobre Kevin. Sabíamos, naquele momento, que ele era ainda mais especial do que havíamos pensado.

"Kevin, obrigado por falar com Mary", eu disse.

"E só para você saber", Mary disse, "eu realmente sinto sua falta em *Shark Tank*!"

Kevin deu uma risada adorável e agradeceu. Acho que Mary e eu não paramos de sorrir o resto do dia.

Nas próximas semanas, Kevin e eu nos falamos outras vezes e, durante esse tempo, decidimos unir nossas forças para levar o legado de Zig Ziglar para o mundo. Estava ficando óbvio que gostávamos um do outro. O fato de Zig ter sido nosso mentor quando éramos jovens adultos nos deu algo em comum. O passo seguinte para formar uma parceria de sucesso era nos conhecermos bem e, finalmente, confiar um no outro. Mas não era falando pelo telefone durante todo esse tempo que conseguiríamos nos conhecer, nos apreciar e conquistar essa confiança.

Então, marquei uma viagem em família para São Petersburgo, na Flórida.

Kevin e eu decidimos que a melhor forma de expandir o legado de Zig, uma vez que ele já havia falecido, era mostrando Kevin — seu melhor pupilo, como um legado *vivo*. Minha ideia era entrevistá-lo para entender com profundidade como Zig havia lhe impactado e o que ele havia feito com o que aprendeu. Levei uma pequena equipe e Mary para capturar o conteúdo da reunião.

Kevin decidiu que a entrevista deveria ser na mesa da cozinha. Ela era grande e de madeira; ele se sentou em uma das cabeceiras. Montamos um dispositivo de gravação para que eu pudesse me concentrar apenas em ouvi-lo e fazer perguntas. Disse a ele que a entrevista levaria cerca de uma hora.

Cara, como eu estava errado a respeito.

Conte-me sobre o "Pequeno Kevin"

Em todos os anos em que Kevin foi entrevistado, em provavelmente milhares de entrevistas, eu nunca tinha visto ou ouvido nenhuma que começasse pela sua infância. Aprendi em minha própria jornada empreendedora que não existia sucesso da noite para o dia; por isso, até Kevin Harrington tinha que ter começado *de algum lugar*.

Dizer que ele me ganhou no "oi" seria pouco.

"Minha mãe era filha de Louis Kispert", ele começou, "que foi um dos presidentes originais do Fifth Third Bank. O banco começou em Cincinnati com uma agência e ele era um dos principais homens da empresa. Quando ele morreu, deixou muitas ações para a família, que foram divididas entre seus filhos — um deles era a minha mãe. Quando meu pai voltou da guerra, tornou-se restaurador e empreendedor. Então, eu vim desse contexto interessante de finanças e empreendedorismo."

"Minha mãe queria viver em um bairro lindo, e meu pai não podia pagar. Eles acabaram comprando a casa mais barata na vizinhança mais agradável. Eu ia para a escola com caras como Tommy Williams, que depois se tornou o dono dos Cincinnati Reds, e Mark Everingham, cujo pai era CEO e presidente de uma grande rede de supermercados. De qualquer forma, havia uma parte velha e uma nova na rua e, na nova, estavam as casas de milhões de dólares. Adivinha de que lado estávamos?", ele perguntou, rindo.

"O que você acha que caras como Mark ganhavam no aniversário de 16 anos? O pai do velho Mark deu-lhe um carro, um Triumph TR6. O que eu ganhei quando fiz 16? Paguei em dinheiro por um MG Midget porque queria acompanhar o resto dos meus amigos."

"Espere", eu disse. "Você pagou *em dinheiro*? Como conseguiu tanto dinheiro?"

"Eu não ia ganhar nada", Kevin disse. "Então, conquistei."

TAL PAI, TAL FILHO

"Deixe-me ver se entendi", eu disse. "Com 16 anos, você ganhou o suficiente para comprar, em dinheiro, um MG Midget?"

"Você é piloto, certo?", Kevin perguntou.

Assenti. Naquele momento, ele sabia que um dos meus hobbies era voar. "Meu pai", ele continuou, "foi um herói da Segunda Guerra Mundial. Foi da Força Aérea. 165 missões. Isso é muito, mas é mais ainda quando você considera que, na época, só precisava voar em 25."

Meu queixo caiu.

"Contarei mais quando tivermos mais tempo", ele disse, "mas basta dizer que o homem não conseguia parar. Quando finalmente voltou para casa e abriu o Harrington's Irish Pub, estava determinado a me ensinar tudo o que sabia. Uma das primeiras coisas que me disse foi: 'Kevin, você precisa ter o seu próprio negócio'. Ele defendia muito o empreendedorismo e o ensino."

"Jamais me esquecerei quando meu pai disse que o cara da cerveja ia entregar barris e que eu deveria contá-los. O cara aparece, traz dois barris cheios e leva dois vazios para o caminhão. Ele continua assim por um tempo — dois para dentro, dois para fora. Meu pai, que vinha passando enquanto ele voltava para o caminhão, parou o cara."

"'O que você está fazendo?' ele perguntou. 'Voltando para o caminhão com os barris vazios', o cara respondeu. Meu pai tirou um dos recipientes vazios de cima — e o de baixo estava cheio. O cara estava levando um barril cheio e outro vazio para o caminhão, tentando passar a perna no garoto de 11 anos que o observava."

"'Como você sabia que ele estava cheio?', perguntei. 'O barril estava suando', ele respondeu. 'Você tem que saber o que procurar. Um barril de cerveja cheio, frio e suado, é diferente de um vazio.'"

"Ele não estava apenas me ensinando a não ser enganado. Estava me ensinando a ver as coisas de forma diferente. Ver as possibilidades. Trabalhei com ele durante algumas noites, em turnos de 24 horas. Eu estava imerso em tudo."

"O engraçado é que minha mãe era exatamente o oposto. Ela me dizia: 'Você sabe que não vai seguir o caminho de empreendedor como o seu pai. Ele está no ramo de bares. Chega em casa às 3 da manhã. Você vai ser banqueiro, advogado ou médico.'"

"Eu tinha duas irmãs mais velhas. Uma se casou com um médico e a outra, com um advogado. Eu disse para a minha mãe: 'Meu avô estava no ramo bancário. Nós temos todas as profissões na família.'"

"'Posso ser um empreendedor.'"

Quem Pensa, Enriquece

Nesse momento, nossa hora havia virado duas.

Eu não me importava. Estava fascinado — e Mary também. Precisávamos saber mais.

"Domingo era o dia de folga do meu pai. Ele trabalhava das 11h às 2h30 do dia seguinte, 6 dias por semana. Em um desses domingos, ele abriu uma caixa na minha frente e puxou uma pistola de ar quente, usada para lacrar vinil. Ele me disse que estava começando um negócio de vedação de vinil."

"'Todo restaurante tem um problema', ele me contou. 'As almofadas dos assentos sempre têm rasgos e danos. Vou começar um negócio de reparos e quero que você participe.' E eu fui. Saíamos todo domingo, seu único dia livre. Mesmo quando ele estava descansando, procurava o que fazer."

"Ele ouviu falar sobre máquinas de laminação e, quando eu menos esperava, já havia distribuído várias por toda a cidade de Cincinnati — e eu coletava o dinheiro das pessoas que as usavam. Ele comprou os direitos da Magic Fingers, aquele mecanismo que fazia as camas vibrarem. Instalamos nas camas de todos os Holiday Inns. Era isso que fazíamos juntos, desde que eu tinha 11 anos até a faculdade, quando eu já não conseguia mais me concentrar nisso."

"E nos domingos em que não estávamos cuidando desses negócios? Ele ficava sentado em sua poltrona reclinável, com uma pilha de revistas e jornais comerciais quase tão alta quanto a sua própria cadeira. Perguntei-lhe por que se preocupava tanto com tudo isso quando deveria estar relaxando. Ele me disse que estava procurando as melhores e mais recentes tendências em restaurantes. Meu pai vendia asas de frango muito antes de existir a WingHouse e a Hooters. Toda sexta-feira à noite era noite da asa de frango nos Harrington, e isso porque ele identificava tendências."

"Ele me mostrava todos esses jornais, mas o que realmente me impactou foi quando me deu o livro *Quem Pensa, Enriquece*. Lembro de ficar tão animado com o que aprendi — que tudo o que você conceber e acreditar, poderá alcançar. Ganhar aquele livro foi como ganhar as chaves do MG. Disse a mim mesmo: *Vou em frente. Ninguém o fará por mim (nem eu quero) e não há 'nãos' suficientes no mundo para me impedir.*"

Vedação de Garagens

Três horas depois, estávamos pedindo Chick-fil-A, e Mary e eu abortamos todos os planos do dia. Estávamos hipnotizados. Ele continuava, e nós não íamos impedi-lo.

"Com 15 anos, comecei meu negócio de vedação de garagens", disse Kevin.

"Quinze?", Mary perguntou, olhos arregalados.

"Quinze", ele respondeu. "Como eu disse, estava motivado a ter o que os meus amigos, filhos de ricos, tinham, mas iria conseguir por conta própria. A família de um dos garotos com quem eu ia para a escola trabalhava com asfalto e vedação de garagens há 30 anos; eles moravam em uma daquelas mansões do outro lado da rua. Então, esse meu amigo disse que se eu estivesse pensando em um negócio, ele poderia conseguir os suprimentos."

"Comecei pedalando de casa em casa, batendo nas portas. Vinte delas, para ser mais exato. A primeira reação era sempre: 'Quem é você? Onde está o dono da empresa? Onde está o seu pai?'. Eles pensavam que eu ia até lá para chamar seus filhos para brincar."

"Então, meu cunhado se aproximou e disse: 'Faça a vedação da minha garagem de graça e farei sua primeira propaganda'. Eu lhe disse que ele deveria cobrir o custo do material que, na época, ficava em torno de 18 dólares. Ele concordou e nós tiramos fotos do antes e depois. Fiz um trabalho perfeito e coloquei uma placa em seu gramado. Depois disso, quase todos fecharam negócio comigo. Avisei que a primeira pessoa da vizinhança a contratar meu serviço pagaria apenas 20 dólares, desde que eu pudesse tirar fotos, como fiz com o meu cunhado. Lembra das 20 pessoas que disseram 'não' no início? Fechei negócio com 18 delas quando voltei a bater em suas portas, cobrando 100 dólares cada. Mostrei a elas a transformação mágica que havia feito na garagem dos vizinhos e os fisguei."

"Começamos a nos expandir rapidamente, o que significava que precisávamos de tambores de selante — ou seja, precisávamos de uma caminhonete. Eu tinha 15 anos, sem carteira de motorista. Comprei uma picape com o dinheiro que ganhei, junto com barris de 208 litros, o que nos fez economizar muito, pois agora comprávamos selante a granel. Demos um jeito de os tambores borrifarem o selante diretamente na garagem, e assim fazíamos o serviço como se estivéssemos em uma linha de montagem. Eu conseguia mil dólares por semana no negócio. Foi assim que juntei dinheiro para comprar aquele primeiro carro."

Babee Tenda

"Isso é incrível, Kevin", eu disse. "Tem mais?"

É claro que tinha — e ele não perdeu tempo.

"Quando eu tinha 16 anos, vendia um negócio chamado Babee Tenda. Era vendido por cerca de 300 dólares, nos anos 1970, e usado em hospitais. Com ele, os bebês não podiam sair, virar ou cair com o risco de se estrangular."

"Espere", Mary disse. "O que é Babee Tenda?"

"Eram cadeiras altas de segurança", Kevin explicou.

Eu não pude me segurar. "Você vendeu *cadeiras altas de segurança para bebês?*"

"Com certeza", ele disse. "Bruce, o dono da empresa, teve a ideia de colocar caixinhas nos shoppings oferecendo a chance de uma viagem gratuita para quem estivesse grávida do primeiro filho. Elas tinham que colocar suas informações na caixa e, então, eu iria até a casa delas entregar o prêmio."

"A propósito, todo mundo ganhou. Elas fizeram um cruzeiro de um dia, saindo de Miami. O cara que vendeu as cadeiras conseguiu mil tíquetes por 3 dólares e, talvez, apenas cinco pessoas em mil tenham realmente feito a viagem. Quando aparecia na porta delas, marido e mulher ficavam céticos. Eu dizia que precisava de cinco minutos para falar sobre o prêmio da caixa e outros cinco para falar sobre a Babee Tenda."

"Assim que me deixavam entrar — e a maioria deixava — eu perguntava: 'Qual é o equipamento mais perigoso da casa quando se tem um bebê?' Eu tinha alguns artigos alertando sobre os perigos da cadeira alta. O telefone toca, a mãe se afasta para atender, o bebê tenta alcançar a mãe e a cadeira alta tomba. Alguém aparece na porta? O bebê escorrega no assento e se estrangula."

"Então, eu dizia a eles que a Babee Tenda era usada logo ali, no Hospital Pediátrico de Cincinnati, Ohio, e que se eles tivessem mais alguns minutos, eu poderia falar mais sobre ela."

"No início, eu fechava um a cada cinco clientes em potencial. Era um negócio que se fechava em um dia. Avisei a Bruce que, caso os clientes pedissem uma noite para 'pensar', em 99% dos casos a venda não ocorreria. Então ele me disse que eu tinha potencial e que me acompanharia em uma dessas visitas. Foi quando ele me ensinou a 'isolar a objeção'."

"Era basicamente eliminar a objeção real dos clientes. Se eles me diziam que queriam pensar, eu reapresentava o produto e, em seguida, perguntava se eles queriam pensar sobre algo que eu tinha dito. Quando admitiam que o problema era dinheiro, eu estava pronto para avançar. Não tinha mais a ver com a qualidade. E, então, eu podia ganhá-los com o financiamento que estávamos oferecendo a 9 dólares por mês."

"Com isso, eu fechava 70% dos negócios, mas havia um problema."

Mary e eu estávamos extasiados. Inclinando-nos para a frente, com as cabeças nas mãos, dissemos simultaneamente: "Qual?"

"Devoluções", ele disse. "Dos 70% que eu fechava, 55% devolviam as cadeiras, o que era permitido até três dias após a venda. Quase todas as vezes, o casal ligava para os pais e dizia que tinha comprado uma cadeira alta de 300 dólares. Então os pais o dissuadiam. Bruce me deu a resposta para isso também."

"'Apele para o orgulho deles', ele me disse. Então, eu voltava e perguntava ao casal se, quando se casaram, a mãe havia escolhido o local ou o bolo. Ninguém gosta de ter o seu orgulho desafiado."

"Bruce me ensinou muito sobre vendas. Eu não tive mais nenhum cancelamento daquele ponto em diante. Ainda hoje uso muitas das lições que ele me ensinou."

Antiferrugem

Devo ressaltar que Mary tinha apenas 14 anos na época da entrevista. Para a viagem, ela levou o telefone, o computador e um livro, caso ficasse entediada.

Ela sequer olhou para eles. Estava prestando atenção a cada palavra de Kevin — assim como eu.

E não foi só isso; conforme o dia avançava, mais ela se aproximava da conversa.

Nesse ínterim, Kevin ficou tão animado ao contar suas primeiras experiências que se levantou para poder compartilhá-las com mais paixão. Era como se suas memórias fossem o combustível de um foguete que estava prestes a decolar. E ele decolou.

"Após comprar o MG, eu recebi um telefonema", Kevin continuou. "A pessoa do outro lado da linha me parabenizou pelo meu novo carro, dizendo que aquele era um dos maiores investimentos da minha vida. Ele continuou, dizendo que em dois ou três anos a ferrugem começaria a surgir nos para-lamas, mas ele oferecia um serviço para protegê-los, feito em um dia, com garantia para a vida toda. Ele perguntou se poderia deixar um folheto na minha caixa de correio. Eu concordei."

"Ele apareceu à minha porta. No fim das contas, ele era o gerente de vendas de uma empresa antiferrugem chamada Guardian, que tinha acabado de abrir — e eles haviam feito isso de uma maneira muito inteligente. Eles abriram empresas em sete postos de gasolina por toda a cidade; alugaram uma vaga que o posto não usava, dando como pagamento a eles uma porcentagem de cada trabalho antiferrugem. Era como a Uber da antiferrugem."

"Ele me viu e pareceu chocado. Pensou que eu estava na casa dos 30, com base em nossas conversas telefônicas. Ele me perguntou onde estava o carro e, quando eu o mostrei, ficou chocado novamente. 'Como conseguiu este carro?', perguntou. Então, contei que tive um negócio de vedar garagens e que, naquele momento, era vendedor de cadeiras altas para bebês."

"'Está desperdiçando o seu tempo', ele disse. 'Você tem que jogar com os grandes. Posso te dar uma dúzia de contatos por dia.'"

"Acabei vendendo mais de trinta pacotes antiferrugem por *semana*. Tornei-me o vendedor número um da região, com cinco a seis vendas por dia. Eu ia no meu carro, mostrando os resultados do trabalho em meu próprio veículo. Naquela época, os carros não vinham de fábrica com antiferrugem, então, mostrar as fotos do antes e depois era realmente eficaz. Assim como aconteceu com a vedação de garagem."

HVAC
(AQUECIMENTO, VENTILAÇÃO E AR-CONDICIONADO)

Fiquei pasmo com tudo o que ele dizia. Nunca pensei que ele tivesse começado seu caminho tão cedo — a história de sua jornada era tão rica, e teve início bem antes de ele se tornar o Kevin Harrington que conhecemos hoje.

Ele tinha uma história a mais para compartilhar e fechar o dia — e era incrível.

"Nem sempre trabalhei por conta própria", ele disse. "Já trabalhei para a Trane, de aquecedores e aparelhos de ar-condicionado. Eles licenciaram seu nome para uma empresa local de aquecimento e ar que já existia há 30 anos e que havia se tornado afiliada da Trane no mercado."

"Quando apareci para a entrevista, o cara me disse que só contratavam pessoas por tempo integral e que não tinha percebido que eu ainda era um garoto no colegial. 'Por que você se candidatou?', ele me perguntou. 'Porque eu quero ganhar dinheiro', respondi."

"Eu disse a ele que tinha pesquisado sobre a Trane e sabia que era um grande produto. Não estaria presente em todas as reuniões, mas podia garantir que venderia todas as noites e que, em um mês, venderia mais do que seus outros funcionários. Quando mostrei a ele o que tinha feito com a Babee Tenda e afins, ele finalmente concordou. Eu estava no último ano do ensino médio e trabalhava para a Trane."

"Tive seis ligações na primeira semana. Na reunião de vendas, no final daquela semana, eu tinha três vendas a 3 mil dólares cada, enquanto o segundo colocado tinha apenas uma. No final do mês, eu estava ensinando os outros caras a fechar vendas."

"Depois de seis meses, descobri que a Trane estava subcontratando a afiliada. Então fiz algumas contas. O custo do equipamento em um trabalho de 3 mil dólares era de, aproximadamente, 500 pratas. Eu estava recebendo apenas 10% de comissão, ou seja, 300 dólares, enquanto eles ficavam com o resto. Ali percebi que poderia tomar a frente sozinho."

"Naquele verão, no meu primeiro ano da faculdade, fundei a Tri State Heating and Cooling. Acontece que o nome comercial era de um homem que havia se aposentado há muito tempo e estava no mercado há 30 anos. Contei a ele a minha história e ele disse que me venderia o nome, mas custaria muito caro."

Mary se adiantou: "Quanto foi?"

Kevin sorriu. "Um dólar. E tivemos que deixá-lo andar por aí com a nossa equipe quando fazíamos as instalações."

Mary soltou um suspiro de alívio.

"Então, saí de um negócio novo para um com 30 anos de mercado. Paguei um anúncio de página inteira nas páginas amarelas e contratei serviços de atendimento. Atendíamos à cidade inteira. Fui ao tribunal e comprei todas as listas de novos proprietários de imóveis, liguei para eles e ofereci limpezas de aparelho gratuitas. Saímos de zero para 1 milhão de dólares em vendas no primeiro ano. No segundo ano, tínhamos 25 empregados."

Mary e eu nos olhamos boquiabertos. Não podíamos acreditar no que estávamos ouvindo — e Kevin se deliciou com isso. Ele continuou contando como acabou vendendo o negócio para um de seus principais vendedores quando o trabalho e fiscais rígidos tornaram-se demais para um estudante universitário de 19 anos administrar.

Pivotar

Quando Kevin vendeu seu negócio de HVAC, mudou drasticamente sua mentalidade — o que influenciaria a maneira como ele faria negócios para sempre e o transformaria no Empreendedor dos Empreendedores, um nome que lhe dei, já que é isso que ele realmente é.

"Decidi, após minha experiência com a empresa de HVAC", Kevin nos contou, "que não queria mais me preocupar com aquela agitação das vendas. Precisava encontrar uma nova maneira de fazer negócios. Eu tinha o dinheiro da venda e era um jovem empresário, então o mundo estava aos meus pés. Comecei a investigar a fundo e exaustivamente todas as oportunidades de negócios que existiam. Revista *Entrepreneur*, revista *Income Opportunities*, *BizOp Classified*[1] — pode escolher. Durante esse período, conheci um cara, Neil Balter, proprietário da empresa California Closets, em Los Angeles."

"Neil tinha vendido algumas franquias e me disse que eu também deveria virar um dono de franquias. Ele contou que vários caras estavam ligando para ele de Ohio, e pediu para que eu vendesse algumas de suas franquias em troca de uma comissão, até que eu encontrasse o meu caminho."

"Falei com algumas dessas pessoas, mas como não eram carpinteiros, acabaram não se interessando pelo negócio de Neil. Perguntei a ele se poderia oferecer outra coisa para eles, o que ele aprovou. Então, passei a oferecer ao cliente em potencial os outros 30 negócios que descobri ao fazer minha própria pesquisa."

Esse foi o início da carreira de Kevin como corretor de franquia. Foi o nascimento da Franchise America.

"Comecei fazendo parceria com alguns dos franqueadores, me aventurando com eles", Kevin explicou. "A partir daí, tive que obter minha licença imobiliária e nomeei a minha empresa Harrington Enterprises. No processo de vender essas franquias, na mesa de fechamento, descobri que essas pessoas não tinham ninguém para fazer sua corretagem, cuidar de sua incorporação ou de suas necessidades legais. Percebi que as pessoas precisavam da minha ajuda não só para comprar empresas — mas em todo o processo."

"Renomeei minha empresa como The Small Business Center e ela era um centro único, o primeiro espaço de escritório compartilhado no mundo

---

1 BizOp Classified - oportunidade de negócio confidencial.

— fomos o primeiro WeWork! Aluguei espaço para advogados, contadores e agentes de publicidade, e dei-lhes acesso a todos os franqueados. Foi fantástico!"

"Mais ou menos nessa época, também li o livro de Zig Ziglar, *A Caminho do Topo*. A criação da The Small Business Center, junto com a inspiração e a motivação que encontrei nas palavras de Zig, marcaram um ponto crucial para mim. Aquilo mudou toda a minha mentalidade sobre negócios — e eu jamais olhei para trás."

Ao todo, passamos a maior parte das seis horas de entrevista apenas falando sobre a vida de Kevin, como tudo começou e, afinal, por que ele faz o que faz — como se tornou o Empreendedor dos Empreendedores. Ele passou os primeiros 30 anos de vida aprendendo a se tornar um empreendedor de primeira — e os outros 30 sendo aquele empreendedor.

Agora, ele planeja passar os *próximos* 30 anos ensinando os outros, compartilhando suas fórmulas e abrindo a sua vida para que os outros possam aprender com ele. Kevin não quer ser lembrado pelo que fez, mas por quantos ajudou a obter o mesmo sucesso.

E é por isso que escrevemos este livro.

Assim que encerramos aquele dia, eu não tinha dúvidas de que precisava de Kevin Harrington como meu mentor, e sabia que algum dia essa história — a real — precisava ser contada. Ele era mais do que apenas as histórias que tínhamos ouvido, como a da invenção do infomercial ou de como ele foi um dos fundadores da EO (Organização dos Empreendedores). Ele passou por muitas experiências antes disso para aprender — e muitas mais depois. As bases da sua história eram a vedação de garagens, o seu pai e aquilo que lhe fez realmente aprender a vender — cadeiras altas de bebês.

Foi esta última história que realmente me intrigou — o início da mudança de mentalidade que marcou o ponto de partida para o enorme sucesso que Kevin alcançaria em sua ilustre carreira.

Eu tinha que saber mais.

CAPÍTULO DOIS

DESENVOLVA A MENTALIDADE CERTA

Muito do que aprendi com Kevin deve-se ao fato de que, quanto mais trabalhávamos juntos, mais acesso pessoal eu tinha a ele sem ninguém por perto. Viajávamos juntos com frequência e passávamos muito tempo em hotéis.

Uma de nossas primeiras viagens juntos aconteceu apenas alguns meses depois de virarmos parceiros de negócios. Naquele momento, realmente não nos conhecíamos tão bem. Após viajar o dia inteiro de avião de Tampa para a Califórnia, dirigimo-nos ao hotel. Kevin seria o palestrante de destaque no

Wealth Bowl no dia seguinte, mas quando chegamos para fazer o check-in, pouco após as 23h, fomos informados de que o hotel só tinha um quarto — e era para mim.

Houve um engano no hotel e pensaram que Kevin chegaria no dia anterior. Como ele não apareceu, cancelaram a reserva e deram o quarto para outra pessoa. Então, o orador principal de um evento que seria realizado ali não tinha quarto; o organizador do evento já tinha ido dormir e não pôde ser encontrado. Então, virei-me para a recepção e, como o relógio atrás do recepcionista marcava quase meia-noite, perguntei onde ficava o hotel mais próximo e se eles poderiam me ajudar a achar um quarto, pois, claramente, precisava ceder o meu para Kevin.

"Está tarde e estamos cansados. Vamos dividir o quarto", Kevin disse ao recepcionista.

"Oh, mas... vocês precisam saber que só há uma cama *king size*", disse o recepcionista.

Mal nos conhecíamos. Kevin viajava sem parar. Ele tinha sua rotina e eu, a minha, mas lá estávamos. Tivemos que lidar com aquela situação desconfortável — e lidamos. Antes de descansarmos, usamos nosso treinamento em negociações uma última vez na recepção e, embora não tivéssemos conseguido um quarto extra, arranjamos um quarto com duas camas de casal, em vez de uma *king size*. E, no dia seguinte, ambos conseguimos um upgrade para suítes — Kevin na presidencial. Acho que jamais vi um quarto de hotel tão grande. Foram ocasiões como essas que nos permitiram nos conhecer cada vez melhor. Foi em momentos como aquele que comecei a fazer perguntas. Percebi que quando não havia câmeras ele ficava mais vulnerável. Ouvi histórias que jamais imaginei sobre seus dias vendendo cadeiras altas de bebês para novos pais e sobre o seu pai, um herói da Segunda Guerra Mundial.

Embora tenha aprendido ao ouvir todas essas histórias em particular, viajar com Kevin me permitiu vê-lo em ação, negociando acordos e transações comerciais, em teleconferências e falando em eventos. Eu vi como Kevin Harrington se tornou o *Kevin Harrington*, o Empreendedor dos Empreendedores e ícone dos negócios.

Foi aí que também comecei a ver que havia ações, comportamentos e formas de pensar que se repetiam em tudo o que ele fazia. Havia um segredo real para o seu sucesso que ele não conseguia verbalizar, mas eu sim. Descobri, muito rápido, que poderia articular aquilo que ele fazia repetidamente e que o levava à grande parte de seu sucesso.

Um Acordo Justo

Kevin gostava de acordos, mas eles tinham que ser justos. Na verdade, ele tem muito mais interesse em garantir que um empreendimento seja um negócio justo do que bom ou ruim. Estivemos envolvidos em vários bons negócios que não eram necessariamente os mais justos e que, com toda a honestidade, nunca deram certo.

"Nos bons negócios, normalmente, nem todos saem ganhando", Kevin disse. "Alguém ganha e alguém perde e, assim que o negócio cresce, a parte perdedora se desfaz e não é mais passível de crescer."

"Todos os anos, sem exceção, eu me sento com meu filho, e parceiro de negócios, Brian, para avaliar os negócios em que estou investindo ou de que faço parte, para perguntar: 'Ei, isso aqui está dando certo para todos os envolvidos? Está acontecendo da forma como pensamos? A forma como construímos isso aqui permite que todos recebam a sua parte justa das recompensas pelo trabalho, tempo e dinheiro investidos?' Acredite, já vi negócios estruturados — inclusive por mim — nos quais isso não ocorre, e, de repente, você tem duas ou mais partes infelizes em um negócio. Isso é insustentável. Se não estiver funcionando — ou seja, se não for estruturado para ser justo — vou restituir tudo para o empresário. Vou devolver minha parte no empreendimento e rasgar o contrato."

"Como eu disse, um negócio que não é justo não é escalonável. Se você está do lado que se beneficia, tudo é maravilhoso para você, principalmente quando o negócio começa a crescer. Mas se está do outro lado, vai começar a se sentir aproveitado e não vai querer seguir em frente. E é aí que a expansão vai parar."

"Somos programados desde o nascimento a procurar o melhor negócio. Gabamo-nos e nos felicitamos quando conseguimos um. Mal podemos esperar para contar aos outros. Mas é melhor aceitarmos que esse será o único acordo que fechamos com aquela pessoa ou empresa, porque provavelmente não teremos outro negócio com ela."

"Essa pode ser a natureza humana, mas não é a empresarial. Você deve querer apenas negócios justos, porque bons negócios não crescem em escala."

Pensamento Exponencial

Aqueles que conhecem Kevin da televisão como o inventor do infomercial ou o cara que trouxe Tony Little, Arnold Morris e Jack LaLanne para as nossas salas não imagina que ele usa uma fórmula muito mais profunda para descobrir oportunidades sinérgicas.

Ele dominou o conceito do que chamo de pensamento exponencial.

Exponencial é a multiplicação de si mesmo e, muitas vezes, o expoente é maior que dois. Se surgir uma oportunidade para Kevin com potencial de crescimento linear, ele não tem interesse. Ele não quer, simplesmente, somar uma coisa à outra. A única coisa que o intriga é *multiplicar* valor. Antes mesmo que eu pudesse articular os elementos do pensamento exponencial utilizados por Kevin, percebi que ele estava sempre procurando uma multiplicação de recursos e sinergia — era isso que mais o atraía. Se ele descobrisse um empreendimento que tivesse qualidade, era atraído na mesma hora. Se eu surgisse com uma ideia de negócio e dissesse "Posso lhe dar um retorno sobre o patrimônio líquido de 8% ao ano pelo resto da sua vida", ele adormeceria antes que eu terminasse a conversa.

Enquanto eu o observava buscar essas oportunidades repetidamente, entendi, em um nível mais profundo, que o pensamento exponencial fazia parte de sua abordagem. Embora esse pensamento possa ser natural para ele, sei que simplesmente não acordei em um belo dia com a capacidade de pensar dessa maneira, que isso requer uma curiosidade agressiva — algo que veremos de forma mais profunda no próximo capítulo — mas também requer a disposição de buscar os negócios justos que discutimos antes, nos quais todos ganham.

"O Que Você Imagina Vivamente…"

Kevin me disse que começa e termina seu dia com uma citação de um pioneiro do desenvolvimento pessoal, Paul J. Meyer:

"O que você imagina vivamente, deseja ardentemente, no qual crê com sinceridade e para o qual age com entusiasmo, inevitavelmente deve acontecer."

Se eu tivesse que abordar sucintamente a vida de Kevin, a resumiria nessas 22 palavras. Essa citação resume a mentalidade que o levou ao seu enorme sucesso — para se tornar o Empreendedor dos Empreendedores. Então, vamos examiná-la com um pouco mais de atenção.

Você tem que desejar *ardentemente* aquilo que imagina vivamente. Não pode, simplesmente, entrar em qualquer empreendimento ao acaso, sem grande interesse. Tem que ser passional o bastante para querer resolver o problema. Kevin normalmente escolhe as ideias que solucionam problemas que precisam ser resolvidos. Quando muitas pessoas esperam que o problema seja resolvido para elas, é muito fácil intensificar seu desejo de ajudá-las a resolvê-lo.

Para fazê-lo, entretanto, você deve *acreditar sinceramente* na sua ideia.

"Muitas vezes," Kevin disse, "alguém me procura, pedindo para eu endossar o seu produto. Eu digo: 'Mande algumas amostras para mim, porque tenho que experimentar. Se você me diz que este novo suplemento te permite trabalhar 10 horas a mais por semana com maior produtividade, envie-o para que eu possa experimentá-lo, porque se eu não acreditar sinceramente nele, não vou aceitá-lo e não terei vontade de promovê-lo.'"

Uma vez que você tenha o desejo ardente e acredite sinceramente no que se permitiu imaginar, deve agir entusiasticamente de acordo com a sua meta como se ela fosse ser alcançada, entendendo que provavelmente vai falhar — e falhará muitas vezes antes do sucesso.

Agir com entusiasmo é a peça que falta, que determina o que é extremamente bem-sucedido e o que não é. Muitos empresários querem imaginar, desejar e acreditar, mas pensam que esses três elementos por si só trarão o sucesso. Simplesmente, não funciona dessa forma. Quando você age com entusiasmo com base nessas ideias, é aí — e somente aí — que pode ocorrer o sucesso, porque a ação permite o fracasso. Depois de fracassar, saberá se sua ideia era boa ou ruim, ou aprenderá e sairá mais forte como uma fênix das cinzas, um conceito que analisaremos profundamente mais adiante neste livro.

Medo

Só existe um caminho para tomar boas decisões — tomar decisões ruins primeiro. No entanto, muitos de nós temos medo de tomar decisões ruins e, por consequência, não agimos.

O fator principal que detém qualquer empresário é o medo. Medo do fracasso, medo do sucesso e medo em geral. Kevin me ensinou muito a respeito do tema. Ele crê no poder dos mentores e coaches para nos ajudar a navegar por esses medos. Nós simplesmente não temos a determinação para fazê-lo sozinhos.

"Meu filho Brian trabalhou comigo em alguns dos meus empreendimentos", Kevin me contou. "Ele ficava muito desanimado porque nos envolvíamos com esses produtos e víamos falha após falha. Mas então, um desses dez produtos daria certo e renderia cem milhões. Eu perguntava a ele: 'Você prefere ter dez produtos que selecionamos rendendo 1 milhão de dólares ou preferia que um desses dez rendesse 100 milhões de dólares?' Quer dizer, é uma matemática bem simples, certo? A pergunta passa a ser a seguinte: quanto podemos aprender com os outros nove produtos, para encontrar aquele que rende

100 milhões de dólares? Como Brian era jovem, ainda tinha aquele medo do fracasso, ao passo que eu não tinha medo de tentar coisas novas, porque sabia que só chegaria à ideia de 100 milhões de dólares após inúmeras falhas. Muitos dizem para si mesmos: *Ah, tive uma grande ideia. Serei bem-sucedido!* Essa mentalidade é errada."

"Em vez disso, diga a si mesmo: *Esta é uma ótima ideia. Vou fracassar. Vou fracassar o mais rápido que puder e ver se há algo que posso aprender, mesmo que não haja nada a aprender ou a ganhar.* Se você puder fracassar rápido e aprender, terá a chance de pivotar e ser bem-sucedido. Mas a chave é a velocidade. Se você demorar a fracassar, pode gastar todo o seu dinheiro pensando que teve uma grande ideia, e, quando falhar, não terá capital para se levantar."

O Perfeccionista Procrastinador

"Fracassar não significa gastar ou perder muito dinheiro", continuou Kevin. "É por ter essa ideia que tantas pessoas se tornam o que chamo de perfeccionistas procrastinadores. Eles estão apegados à noção de tornar a própria ideia perfeita, quando a verdade é que não existe ideia perfeita. Se mais de 80% do seu conceito está fechado, você foi mais longe do que deveria. Implemente a sua ideia e deixe o mercado cuidar dos outros 20%. Você precisa agir com entusiasmo."

Isso me lembrou uma história que Zig Ziglar certa vez me contou e que eu sabia que também tinha encontrado eco em Kevin — a história de Roger Bannister.

Quando os humanos começaram a rastrear a velocidade necessária para correr uma milha (1.609 metros), ninguém conseguia fazê-lo em menos de 4 minutos. De fato, físicos disseram que era fisicamente impossível porque o coração explodiria, literalmente. Então, um dia, quase 70 anos após os especialistas alegarem essa impossibilidade, Roger Bannister correu 1.609 metros abaixo dos 4 minutos.

Agora, se essa façanha por si só foi incrível, o que aconteceu a seguir o foi ainda mais.

No mesmo ano, *após* Roger Bannister alcançar esta marca incrível, outras sete pessoas fizeram exatamente o mesmo.

Durante 70 anos, ninguém conseguia — então Roger Bannister o fez e mais sete pessoas seguiram seu exemplo. Como isso foi possível? A única razão que faz sentido é que, agora, as pessoas sabiam que aquilo poderia ser feito. O que antes se imaginava impossível, agora não era mais. Nos anos seguintes, centenas de milhares de pessoas quebraram a barreira dos 4 minutos.

Ao contar essa história, Zig queria mostrar que nos limitamos até descobrirmos que algo é possível. E esse é o erro fatal dos perfeccionistas procrastinadores. Eles trabalham incansavelmente em sua ideia até acreditarem que ela está 100% pronta para ser lançada no mercado, porque sentem que só assim podem garantir que ela funcione. Querem muito começar o seu empreendimento, mas como todos lhes dizem que não conseguem — e como viram muitos tentando e falhando antes — acreditam que só conseguirão se forem perfeitos.

É por isso que, quando Kevin conhece futuros empreendedores, pergunta a eles: O quanto você deseja resolver este problema? O quanto você acredita que o mundo precisa da solução para este problema? Com que nitidez você imagina como seria o mundo se este problema fosse resolvido? Se eles conseguirem responder a essas perguntas, então Kevin só terá que compartilhar as experiências documentadas neste livro para mostrar a eles que é *possível*.

Pare de sonhar acordado. Pare de criar protótipos para cobrir todas as possibilidades. Pare de contar as suas ideias para os outros. Você pode ter a ideia de 1 bilhão de dólares na sua cabeça, mas se não colocá-la no mundo, ela não valerá 10 centavos.

Passe para a ação. Corra para o sucesso.

Não é Apenas Uma Mentalidade de Negócios

Quanto mais tempo eu passava com Kevin, mais descobria que estava avaliando a minha própria coragem. Em meus empreendimentos empresariais, eu me perguntava: *Isso é só uma boa ideia porque acho que posso ganhar dinheiro? Ou é uma boa ideia porque desejo ardentemente e acredito sinceramente que é?* Isso não quer dizer que há algo errado com uma ideia com a qual você possa ganhar dinheiro — mas se esta é a sua única motivação, então há uma deficiência aí desde o início.

Sei o que digo, pois vi isso acontecer na minha própria vida.

Antes de ter Kevin como mentor, sempre que corria atrás de dinheiro, ele raramente se materializava, porque eu não tinha a mentalidade que Kevin mais tarde me inspiraria. Eu tinha que acreditar que havia um problema que o mundo precisava resolver, que eu era a pessoa certa para tal e precisava ter paixão para fazê-lo. Quando não acreditei nisso, empaquei. Não só não ganhei dinheiro como perdi.

Aprendi que essa mentalidade também se aplicava à minha vida familiar. Você não pode ter o que chamo de "família de Facebook" — que é quando você está navegando no Facebook e vê todas essas famílias "perfeitas" e tenta implementar tudo o que elas fazem na sua própria família. Os mesmos princípios que Kevin me ensinou sobre negócios são relevantes aqui. Se você não deseja ardentemente, nem acredita sinceramente nas coisas que os outros fazem, não terá entusiasmo para implementá-las. E isso resultará em tentativas vazias de interagir e se relacionar com seus entes queridos e, no final, vocês acabarão falhando.

Quantas famílias se sentam à mesa da cozinha, conversam sobre seu futuro e, depois, não fazem nada para chegar lá? Muitos nem têm uma reunião de família programada propositalmente — *nunca*. Só se encontram no corredor do andar de cima, falam sobre seus horários para o dia seguinte ou no jantar, com seus iPhones à mostra, mal prestando atenção um no outro ou em quem está fazendo o quê e quando.

Nos negócios, ou nos encontramos toda semana ou não funcionamos. Aproveitamos para falar sobre quem somos, o que defendemos e por que estamos nos negócios, para começar; sobre como satisfazemos os nossos clientes e a nossa comunidade; sobre o nosso propósito e sobre como vivemos.

Por que não fazemos isso com as nossas famílias? São raros os que se sentam juntos e dizem: "Não somos um acidente. Estamos aqui por uma razão. Vamos começar a acreditar nisso com sinceridade e fervor e fazer algo a respeito como família. Isso significa que teremos que agir intencionalmente — para gerir a nossa família como um negócio. Porque ela é importante".

Só assim funciona.

Quando estava sentado no meu carro a caminho da garagem e tive a epifania que contei no início desse livro, Kevin ainda não era meu mentor empresarial. Se eu apenas levasse o que tinha aprendido nos negócios para a minha família, estaria subestimando-os; pois eu ainda precisava aprender muito sobre ser um empresário e aplicar esse saber no meu negócio antes de sequer tentar aplicá-lo na minha família.

Trabalhar com Kevin mudou drasticamente a forma como integro meu tempo no trabalho e com os meus filhos. Nas minhas primeiras viagens com Kevin, tive a oportunidade de levar Cassandra, outra de minhas filhas, para assistir a um brainstorming entre Kevin e eu. Cassandra tinha 14 anos e estava para começar seu primeiro ano no ensino médio. Meu notebook estava aberto e, no meio de uma conversa muito intensa com Kevin, vi um e-mail piscando na tela. Era de Cassandra.

Normalmente, não olho e-mails em momentos como aquele. Gosto de dar total atenção à pessoa com quem estou falando — mas minha filha enviou esta mensagem sentada a 3 metros de mim, na mesa de jantar com Kevin. Eu tinha que abrir. Estava escrito:

Caro Sr. Timm,

Chegou ao meu conhecimento que o senhor precisa muito de uma assistente pessoal. Por acaso conheço alguém que parece qualificada para tal posição. Se o senhor quiser mais detalhes, pode entrar em contato comigo neste endereço, ou no meu número de telefone celular.

Atenciosamente,

Cassandra Timm

Imediatamente, encaminhei o e-mail para o nosso departamento de recursos humanos — sério, nosso departamento *de verdade* — e disse que gostaria que entrevistassem a jovem para o posto de minha assistente pessoal. Quando voltamos para casa após nossa visita a Kevin, ela entrou, vestida em um elegante traje de negócios, e foi entrevistada pelo meu vice-presidente de operações. Então, finalmente, teve uma entrevista comigo.

"O desafio, Cassandra," eu disse, "é que eu amo o seu entusiasmo e você impressionou muitas pessoas pelo caminho. Mas para ser minha assistente pessoal, não poderá ir a uma escola normal. Viajo muito e isso não seria possível."

Para minha surpresa, ela disse: "Já andei pensando nisso e tive uma conversa com a mamãe. Estou preparada para sair da escola normal e ter aulas em uma instituição online por um ano para poder viajar como sua assistente pessoal".

Contratei-a na hora.

Desde então, ela foi comigo em trinta viagens diferentes e aprendeu a tomar notas. Chegou ao ponto de eu ir a reuniões e nem precisar abrir o meu notebook. Eu recebia um documento em tópicos, detalhando uma lista daquilo com que eu e todos os outros naquela reunião havíamos nos comprometido. Ela teve a oportunidade de conhecer pessoas extraordinariamente fantásticas de todo o planeta — famosos que Kevin conhecia, incluindo multimilionários e bilionários.

O melhor de tudo foi que acabamos por desenvolver um relacionamento que não teria sido possível de outra forma — e que não seria possível sem Kevin Harrington.

Ao fazer negócios comigo e abraçar minhas filhas nessas viagens, ele expandiu a minha mente em relação ao que era possível na minha família. Originalmente, o que busquei aprender com ele como empresário foi como crescer, porque nunca tinha expandido com sucesso um negócio além de 10 milhões de dólares, enquanto Kevin havia levado vários empreendimentos aos 100 milhões.

No entanto, eu também não tinha descoberto como fazer minha família crescer em escala.

Como empresário, levava minhas filhas em viagens aqui e ali. O que fiz naquele ano com Cassandra — fazê-la largar a escola normal, inscrever-se em uma instituição online e viajar como minha assistente pessoal — isso é crescer em escala.

A escala real é sustentável. Não é alguém chegando e lhe entregando um pedido de 100 mil dólares em um mês e, no mês seguinte, um de apenas 1.000 dólares. Isso, no caso, foi uma sorte eventual. *Não* é escala. A escala verdadeira acontece quando você vive um crescimento exponencial sustentável. O ano em que Cassandra viajou comigo foi cheio de crescimento exponencial. Ela foi exposta a pessoas, oportunidades e carreiras incríveis, bem como a diferentes partes do país e do mundo. Ela não podia apagar o que viu — desaprender o que aprendeu. E isso alterou sua trajetória para sempre.

Normalmente, medimos a escala de uma empresa em termos de aumento nas vendas ou nos lucros financeiros. Cassandra cresceu em escala ao aumentar sua sabedoria, experiência e desejo. É o tipo de coisa com que os pais sonham para os seus filhos e sua família.

Kevin me ajudou a começar a imaginar vividamente o que minha família poderia ser se eu a administrasse como um negócio. Eu tinha o desejo e a sinceridade para fazê-lo, mas Kevin me deu a permissão para agir com entusiasmo, em um nível que antes eu me bloqueava.

"Você Pode Ter Tudo..."

Lembra da frase de Zig Ziglar que Mary citou para mim? Na verdade, ela é bastante famosa:

> *"Você pode ter tudo o que desejar na vida se ajudar outras pessoas a conseguirem o que desejam."*

Gastamos muito tempo tentando ter a próxima melhor ideia, quando na realidade, se ajudarmos alguém a conseguir o que deseja — se o ajudarmos a transformar sua visão em realidade —, ele pode passar o resto de sua vida nos indicando para outras pessoas.

Kevin vive sob esta mentalidade e já transformou em realidade a visão de inúmeras pessoas. Ele não precisa procurar pela próxima grande ideia. Há muitas pessoas por aí procurando por ele, buscando ideias para ele, simplesmente porque ele foi justo e fez bons negócios com elas. Mais adiante neste livro, contarei como a pessoa, que acabou se tornando uma das maiores histórias de sucesso de Kevin, estava procurando negócios e ideias para lhe enviar enquanto estava, literalmente, em seu leito de morte.

Isso reflete os relacionamentos que Kevin constrói com sua mentalidade e abordagem para fazer negócios. Ele passou essa mentalidade para mim, o que transformou tanto a mim como os relacionamentos que prezo na vida — para sempre.

Você já viu um jabuti em cima de uma árvore? Se já viu, de uma coisa você pode ter certeza — o jabuti não chegou lá em cima sozinho. Alguém o colocou. Você pode pensar demais nessa imagem e imaginar que ela é negativa — por exemplo, o jabuti está preso no alto da árvore, indefeso. Mas não é disso que estou falando; estou olhando a cena de um ângulo positivo: o jabuti está no lugar mais alto, ao qual jamais teria conseguido chegar sozinho.

Kevin sempre foi o homem que colocou aquele jabuti na árvore — você só não sabia disso.

Usei este conceito nos negócios da minha família.

Durante as nossas reuniões familiares, se a pessoa fez algo realmente bom, em vez de aplaudi-lo de pé, queremos saber como o jabuti chegou ao topo da árvore. Quem o colocou lá? Quem o influenciou? Foi o vovô Larry? Algum amigo da escola? Um professor ou treinador? Quem é o responsável por te fazer chegar lá? Você pode articular como eles o ajudaram e, em seguida, agradecer?

Por outro lado, se nossos filhos tomaram uma decisão ruim — foram multados por excesso de velocidade ou bateram com o carro —, bom, aí temos outro tipo de árvore. Não é uma situação divertida, mas eles ainda precisam ser capazes de comunicar como chegaram lá. Quem te disse para aumentar a velocidade naquela via, quem disse que seria divertido? Quem te influenciou a tomar aquela bebida quando você sabia que não deveria?

Na última contagem, havia quarenta jabutis falsos espalhados pela nossa casa em vários lugares. O jabuti não serve só para parabenizar. Quando se toma decisões erradas, é provável que alguém tenha tido um grande papel em ajudá-lo a subir naquela árvore, e é tão importante identificar aqueles que têm uma influência prejudicial quanto determinar aqueles que são úteis.

Isso se relaciona, de muitas formas, com o pensamento exponencial de Kevin. Precisamos ter uma mentalidade em que nos perguntamos: *como posso impactar exponencialmente outras pessoas resolvendo seus problemas, de modo que, por sua vez, elas possam me impactar exponencialmente?*

Tenho o pressentimento de que Kevin Harrington jamais terá outra ideia original pelo resto de sua vida. Ele já colocou tantos jabutis no topo de árvores que eles estão gritando sobre ele a plenos pulmões: "Se você tiver uma boa ideia, fale com Kevin Harrington!" Quando você ajuda, sinceramente, cem pessoas a conseguirem o que desejam, e estas cem pessoas falam sobre isso para outras dez com o mesmo problema, você exponenciou o seu negócio em dez vezes. É por isso que Kevin tem acesso a algumas das oportunidades mais extraordinárias; porque ajudou tantos empreendedores que eles não podem deixar de promovê-lo e compartilhar com entusiasmo as experiências que tiveram com ele.

Sou sempre surpreendido, mesmo anos depois, com o acesso de Kevin ao fluxo de negócios — pessoas que lhe trazem oportunidades excepcionais —, e não é por acidente. Ele levou uma vida inteira para criar esse canal e, para fazê-lo, agiu bem com a quantidade certa de pessoas. Testemunhei isso em primeira mão. Vi como ele o fazia e vi os resultados. Vi esse fluxo também em minha vida, como empresário e como homem de família.

Mas Kevin não criou esse canal sozinho. Ele teve vários mentores e saber disso me deu permissão para trazer para a minha vida mais mentores, aos quais eu poderia recorrer quando precisasse de ajuda, orientação ou conselho. Este é um dos maiores dons que Kevin me deu — o dom de me permitir trazer mentores para a minha vida e dizer a eles com entusiasmo e sem hesitação ou constrangimento: "Preciso da sua ajuda. Você sabe de coisas que eu não sei e posso aprender contigo". Ao fazê-lo, tornei-me um mentor para os outros. É um processo com um ciclo completo.

Ser empresário pode ser solitário. Somos informados erroneamente que, para ser um, temos que fazer tudo sozinhos — mas se você se cercar de mentores e defensores, aumentará, em muito, as chances de obter um sucesso fantástico. Essa é uma grande mudança de mentalidade, e uma que é absolutamente crucial.

A única coisa que ambos esperamos que grite bem alto ao longo desse livro é que a orientação não apenas é necessária, mas também está mais disponível do que você imagina, e é um dos maiores segredos da fórmula de Kevin para o sucesso. O que Kevin faz quando se joga em um novo empreendimento ou categoria que não lhe é familiar? Seu primeiro passo é encontrar um mentor.

Se ele o faz, você também pode fazê-lo.

Este livro é o meu grito de cima da árvore.

CAPÍTULO TRÊS

CURIOSIDADE AGRESSIVA

Kevin e eu decidimos acelerar nossa relação. Eu estava em um estágio flexível da vida como empresário e até havia encontrado alguma margem com a minha família. Estamos acostumados a usar *margem* como um termo comercial, mas no negócio da família, *margem* é igual a tempo. A realidade é que as crianças soletram *amor* como t-e-m-p-o. Podemos encarar nossas vidas como se "não tivéssemos tempo" ou como se tivéssemos 24 horas em um dia. Muitos empresários estão nessa posição — na qual os negócios estão sugando suas vidas — e, simplesmente, não têm qualquer margem.

Como Kevin e eu tínhamos muitas viagens e muito trabalho a fazer juntos, para aumentar essa margem, minha esposa, meus filhos e eu decidimos que, por um mês, viveríamos perto de Kevin, em São Petersburgo, Flórida. Como vivíamos permanentemente em Indiana, não foi preciso pressionar muito para que concordassem em ir para o sul em janeiro. Talvez tenha sido uma das conversas mais fáceis que já tive com a minha família.

Tomar a decisão de me hospedar perto de Kevin por um mês inteiro — para ficar completamente disponível para ele, ir à sua casa, viajar com ele — levou a nossa relação mentor-pupilo a um nível totalmente diferente. Interagimos durante as férias e passamos um tempo com sua família. Isso nos aproximou como amigos e solidificou a nossa relação de trabalho.

"Você Sabe Alguma Coisa Sobre Hologramas?"

Durante meu tempo lá, a inspiração o atingiu.

Como já mencionei, o grande Zig Ziglar foi meu mentor, e de Kevin também. Enquanto embarcávamos nessa jornada pesquisando como ressuscitar e manter o legado de Zig, Kevin teve uma ideia.

E se pudéssemos filmar Zig Ziglar e transformá-lo em um holograma?

Se fosse possível, poderíamos aparecer em uma palestra, falar sobre o impacto que Zig teve em nossas vidas e, em seguida, fazê-lo aparecer no palco conosco em uma forma holográfica.

Na teoria, a ideia parecia ótima. Mas assim que Kevin tinha uma ideia, sua curiosidade agressiva o levava a descobrir o máximo que pudesse para concretizá-la. Em cada evento que ia, perguntava às pessoas se sabiam alguma coisa sobre hologramas. Não importava quem elas eram ou o que faziam; ele iria perguntar até encontrar quem soubesse de algo, pois sabia que, eventualmente, alguém saberia — e estava certo.

Primeiro, foi-lhe indicada uma companhia na Califórnia que fazia trabalhos para Hollywood. Eles queriam 100 mil dólares para pegar as gravações de Ziglar e convertê-las em um holograma que Kevin pudesse usar no palco. E não apenas isso, também queriam mais 25 mil dólares cada vez que Kevin usasse o holograma no palco.

Para qualquer pessoa, seria o fim — sem chance. Muitas pessoas diriam a si mesmas que, se essa empresa cobrava tanto, era improvável que outra fosse mais acessível — e assim, desistiriam de continuar perseguindo a ideia. Eu a abandonei. O filho de Kevin que estava envolvido no projeto, também.

Kevin não. O revés só aumentou a sua curiosidade agressiva. Ele perguntava a todos, em todos os lugares que íamos, a ponto de isso virar uma espécie de piada interna. Sempre dizíamos que, a cada pergunta, ele estava a um passo de torná-la realidade.

Até o dia em que deixou de ser uma piada.

Kevin conheceu alguém em outro evento, e esse alguém tinha um amigo que conhecia um cara que era parente de um homem que era dono de uma empresa de hologramas em Toronto. Conversamos com eles por telefone, e fomos convidados para visitar suas instalações — não apenas para vermos a tecnologia, mas para sermos transformados em hologramas. Também enviamos a eles uma filmagem de Ziglar, de modo que pudessem fazer uma demonstração quando chegássemos — tudo por uma fração do custo do estúdio da Califórnia.

Por mais impressionante que tudo isso tenha sido, foi em nosso avião para Toronto que testemunhei verdadeiramente a curiosidade agressiva de Kevin.

O Saco de Lixo

O voo estava marcado para o final do dia. Como eu morava na Flórida com a minha família, não fui para o aeroporto com Kevin. Quando chegamos, reparei que Kevin estava com sua mala Louis Vuitton azul de sempre, que eu reconheceria em qualquer lugar.

Então, reparei em uma segunda mala — uma que jamais tinha visto antes.

Estava abarrotada como se estivesse cheia — do quê? Minha curiosidade foi aguçada. *O que tem nessa mala?* Pensei comigo mesmo que deveria ser sua mala para pernoite — até que vi que ele também tinha uma mala de mão. Fiquei me coçando para entender exatamente o que estava acontecendo.

Nossos assentos eram de primeira classe, bem na antepara. Após a decolagem, Kevin levantou-se de seu assento e pegou a mala misteriosa do compartimento de bagagem. Dentro dela havia inúmeros jornais, revistas e periódicos. Enquanto lia os meus e-mails sentado ao lado de Kevin, ele folheava essas publicações. Cada vez que encontrava algo que o interessava, arrancava a folha da revista e a colocava em uma pasta. Quando acabava a revista, ele a jogava no chão.

Quando me dei conta, havia uma pilha considerável na frente dele. Ele folheava e arrancava folhas das revistas como uma máquina, totalmente absorto. Reconheço que fiquei um pouco surpreso. Em certo momento, perguntei a mim mesmo: *o que está acontecendo?* Estaria aquele homem me mostrando um lado estranho de si que eu não tinha visto ainda? Nesse exato momento, a comissária chegou. Como se estivesse habituada a fazê-lo, trouxe um saco de lixo só para ele. Colocou todos os jornais e as revistas empilhados na frente de Kevin dentro do saco, até quase estourá-lo, para que ele pudesse continuar.

O voo de Tampa a Toronto levou aproximadamente três horas. Neste período de tempo, Kevin vasculhou a mala *inteira*. Ele reduziu tudo a uma pasta de conteúdo. Não quis interromper o seu processo — seja lá qual fosse — porque enquanto ele fazia aquilo, eu estava fazendo o meu próprio trabalho. Quando ambos terminamos, fechei meu notebook e me voltei para ele.

"Tá certo", eu disse. "Preciso saber. Foi uma experiência e tanto que acabei de testemunhar. O que você *estava* fazendo?"

"Assino vários jornais", ele disse. "Jornais e revistas comerciais. Muitas vezes fico tão ocupado quando estou em casa que não tenho tempo para lê-los, então guardo para ler enquanto viajo."

"Mas você revirou a mala inteira em três horas. Isso é uma semana de leitura. Você faz leitura dinâmica?"

"Não mesmo", ele disse. "Apenas sei o que procuro."

Ele falou como se aquilo fosse o fim de tudo — como se eu soubesse o que ele estava procurando.

"Tudo bem", eu disse rindo, "vou morder a isca. O que você está procurando?"

"Só quero ver para onde os consumidores estão indo", ele disse.

Eu lhe disse que não sabia o que ele queria dizer com aquilo. A verdade é que entendia até certo ponto, mas também sabia que aquele seria um momento de aprendizado incrível, e queria espremer o máximo que pudesse. E ele não me decepcionou.

"Veja bem, se você olhar por onde comecei", ele disse, "a razão pela qual eu ainda sou relevante e por que estou apto a permanecer nos negócios é devido à habilidade que desenvolvi de seguir os consumidores. Quais são as tendências? O que as pessoas estão consumindo? Onde elas estão gastando seu tempo? Fiz bilhões de dólares em vendas na TV a cabo com o infomercial, certo? No entanto, digite hoje no Google 'assinantes de TV a cabo', e verá que as pessoas estão abandonando a conta da TV a cabo com tudo. Às vezes, os serviços de TV a cabo perdem até um milhão de assinantes em um mês. A TV a cabo está desaparecendo — mas temos mais pessoas consumindo mídia do que jamais tivemos na história do... consumo! Então, onde estão esses consumidores? Aonde eles estão indo?"

"Pergunto a mim mesmo: *no que as pessoas estão interessadas?* Esse é o lado do produto. Paro e procuro no Google os itens que mais vendem na Amazon. Essa informação está prontamente disponível. Quero ver o que as pessoas estão comprando e onde. Então, folheio minhas revistas, jornais e periódicos. Se vejo uma propaganda em mais de um jornal, então descubro algo que está funcionando — o que tem tentáculos neste nicho de mercado. Ninguém lança propagandas repetidamente se não está gerando resultados. Em vez de olhar para todo o conteúdo, vejo quem está anunciando e o que eles estão vendendo. Então, pergunto: se alguém está fazendo sucesso na mídia impressa, será que podemos levá-lo ao canal de vendas? Ou para um meio digital? Às vezes, procuro novas ideias de produtos que nem mesmo estão nas categorias nas quais estou me concentrando."

Na minha mente, bati na minha testa como se dissesse: "é claro!". Era tão simples, mas genial em sua simplicidade. Perguntei a Kevin como ele chegou a esse estilo de curiosidade agressiva. Foi natural? Ou foi algo que ele desenvolveu ao longo do tempo? Quanto mais o conhecia, e, principalmente, quanto melhor conhecia sua história de vida, ficava claro para mim que essa curiosidade advinha da própria jornada que ele fizera até ali.

No entanto, isso ficou mais claro do que nunca quando ele explicou como chegou ao que seria o ponto mais importante de sua carreira empresarial.

Seis Horas Fora do Ar

Kevin se lembrou do início de sua fase "dos 31 ao 60 anos de vida", quando começou a falar com as pessoas sobre ser um corretor de negócios — alguém que vendia franquias ou ajudava as pessoas a comprar negócios. Foi o nascimento da Franchise America.

"A ideia realmente despertou a minha curiosidade", ele disse. "Foi como: epa, espere um pouco — há pessoas por aí que realmente ajudam outras a comprar empresas como aquelas que vejo nesses jornais de negócios? Tenho algum dinheiro que sobrou da venda da empresa de aquecedores e refrigeradores. Em vez de comprar outra empresa, abri uma corretora de negócios, que era uma espécie de 'pioneira do seu tipo'. Lembre-se, eu tinha apenas 20 e poucos anos, mas essa corretora me colocou na capa da revista *Entrepreneur*. Foi meio que a minha chegada ao mundo dos negócios."

"Tudo girava em torno da ideia de perguntar aos outros: e se eu pudesse ajudá-lo? Havia todas essas pessoas por aí, como eu, que queriam ser empresários mas não sabiam como. Não sabiam como começar um negócio. Não sabiam a quem pedir ajuda."

"Então, eu visitava franquias como o Subway e vendia suas franquias *por* eles, recebendo uma comissão. Vendi várias franquias, várias vezes, o que me levou a uma parceria com a revista *Entrepreneur,* e a empresa acabou se tornando o Entrepreneur Franchising Center. Acabamos espalhando essas filiais de franquia por todo o país. As pessoas olhavam brochuras de 50 a 100 oportunidades de negócios diferentes e eu as ajudava a escolher a melhor para elas."

Tudo isso nasceu da curiosidade de Kevin. Ele começou como muitos, comprando empresas por conta própria — ainda assim, havia um impulso dentro dele de fazer e de aprender mais. Foi muito mais educativo para ele ajudar outras pessoas a entrarem em negócios do que comprar uma franquia própria. Ele poderia ter comprado cinco franquias para si mesmo e se sairia bem, mas estava fascinado com a quantidade de pessoas, como ele, que queriam ser empreendedoras.

Isso não apenas guiou a sua curiosidade, mas também acendeu sua natureza altruísta. Ele decidiu que o que queria fazer era ajudar os outros a terem seus negócios dos sonhos, sendo o corretor dessas franquias. Ele não apenas deixou os dois lados da equação felizes, mas também satisfez a sua curiosidade — ao menos temporariamente — ao aprender mais sobre outros empresários neste processo.

Aqueles que pensam que conhecem a história de Kevin acham que produtos como as facas Ginsu, a Gazelle e todos aqueles primeiros sucessos foram o nascimento do infomercial.

Não foram.

O verdadeiro início da trajetória de Kevin se deu quando ele conseguiu que uma franquia gravasse um anúncio de 10 minutos sobre si mesma. Ele reuniu três franquias e contratou uma equipe para produzir um segmento de 30 minutos sobre cada um dos três negócios. Kevin, então, comprou tempo de TV — e foi a sua curiosidade agressiva que o levou a usar aquele tempo de uma maneira tão engenhosa.

"Certa noite, já tarde, eu estava passando pelos canais de TV e parei no Discovery Channel", Kevin disse. "Não vi nada além de barras multicoloridas. Você me conhece, Mark. Se paguei por programas de TV, quero programas de TV, mesmo que não vá vê-los. Então, peguei o telefone e liguei para a empresa de TV a cabo. Disse: 'Ei, estou sendo enganado. Estou pagando por programas de TV e só vejo barras coloridas na tela. O que está havendo?' Eles disseram: 'Oh, desculpe, senhor, mas o Discovery Channel é novo. Eles têm apenas algumas horas de programação, então, sempre que não têm nada para mostrar, colocam aquelas barras por seis horas'."

"Naquele momento, eu já tinha uma rede de todos os empreendedores que queriam começar negócios, junto com uma rede de franqueadores que queriam encontrá-los — e todos tinham assinatura de TV a cabo, assim como eu. Perguntei a mim mesmo: *e se eu usasse essas barras na tela e as transformasse em infomerciais de oportunidades de franquia para empreendedores?*"

"Procurei a operadora de TV a cabo e eles me disseram que tinham um grande contato dentro da empresa para capacitar os empresários locais. Tinham um grande estúdio de produção. Perguntei: 'E se eu fizesse um programa de 30 minutos chamado *Own Your Own Business*, que apresentasse empresas à venda?' Eles adoraram a ideia e disseram que iriam fazer um orçamento. Pensei que seriam milhares de dólares — custou 800 dólares. Eu disse: 'onde eu assino?' Contratei o coapresentador da NBC News para apresentar o programa comigo por mais 250 dólares e publicamos um comunicado de imprensa no *Cincinnati Enquirer*."

"Conseguimos 450 introduções de 30 exibições do programa. Vendemos quatro empresas e ganhamos, em média, 6 mil dólares, com um investimento de 1.050 dólares."

"Isso é incrível", eu disse.

"E melhora", Kevin disse. "Dali, tornamos o projeto nacional, com o programa *Franchise America*. Cobrava 10 mil dólares dessas empresas nacionais e tinha três delas por show, a 10 minutos cada. Isso me rendeu 30 mil dólares por produção. Éramos empresas de franquia de telemarketing ativo e fechávamos negócio feito loucos porque éramos visto em rede nacional."

"Mas como eu iria vender por 30 minutos? Bem, mais ou menos na mesma época em que isso estava acontecendo, foi publicado o livro de Zig Ziglar, *Os Segredos da Arte de Vender*. Nele, havia mais de cem técnicas de fechamento de vendas diferentes. Usei o livro como fórmula para esboçar o roteiro dos nossos segmentos de 30 minutos; usava entre doze e vinte técnicas de venda em um único *pitch*."

"O que as pessoas não percebem é que, normalmente, não compramos antes da quinta técnica de venda, mas a maioria dos vendedores usa apenas uma ou duas delas. Uma propaganda de 30 segundos tem apenas uma ou duas técnicas — um chamado para a ação. Foi usando até 20 técnicas nesses segmentos de 30 minutos que me tornei tão bem-sucedido, a partir de uma variedade de técnicas que Zig me ensinou em seu livro."

"E como tal, o infomercial nasceu."

Qual é o Problema?

Ser curioso não era o suficiente, aprendi. Quando se tratava da busca de Kevin por novos negócios e produtos, era crucial que ele soubesse qual problema eles resolviam. Esse conceito se tornou uma constante para ele. Para algo realmente atrair e manter a sua atenção, tinha que resolver um problema — pelo menos em nome da escalabilidade. Um produto não poderia apenas ser "bom". Se ele conseguisse encontrar pessoas com um problema específico e pudesse conectá-las a um produto que pudesse resolvê-lo, havia uma boa chance de que investisse seu tempo, dinheiro e energia ali. O produto tinha que propiciar aquela "transformação mágica".

"Veja o OxiClean", disse Kevin. "A minha esposa manchou a sua roupa favorita, e isso vai estragá-la para sempre. Talvez a roupa tenha um valor sentimental ou seja rara e cara — tanto faz — mas com 9,95 dólares no OxiClean, ela pode manter algo que, para ela, tem significado."

"Proactiv, a solução para a acne. Aqui está uma foto de um pobre adolescente sofrendo de acne da cabeça aos pés. Provavelmente, sofre bullying e tem problemas para encontrar um namorado ou namorada — por Deus, acne severa pode até ser dolorosa. E aqui está a fórmula que pode trazer a transformação mágica que, literalmente, muda a sua vida. O valor de algo assim supera, em muito, seu preço real."

"São esses atributos que olho em um produto. Viajo muito e minha mala é uma bagunça de cabos de carregadores. Por mais que seja um sofrimento real, no mundo de hoje não podemos viver sem tecnologia. Temos que estar com bateria para nos mantermos no jogo. Já tentaram resolver isso com carregadores portáteis, mas eles não me atraem muito, pois um cabo ainda é necessário. Para mim, isso ainda não resolveu o problema real."

"E se você pudesse entrar em um prédio, na sua casa ou no seu carro e visse a bateria do telefone ser carregada? Sem cabos. Apenas a bateria sendo carregada. Que tipo de problema isso resolveria para você? Imagine ir para o seu restaurante favorito com pouca bateria e ter o telefone totalmente carregado na hora de ir embora."

"Há uma empresa trabalhando nisso agora. Pode acreditar que uma empresa com essa ideia chamou a minha atenção e, agora, sou dono de parte dela!"

Afie Seu Machado, Atualize-se

Mergulhar no mundo de Kevin teve um efeito intenso em minha própria curiosidade. Até hoje, tento me antecipar aos problemas como ele.

Houve um tempo em que eu ia a um evento e as perguntas que fazia a mim mesmo eram: *quanto tempo tenho para falar? A que horas encerrarei? Quanto tempo antes tenho que sair para chegar ao aeroporto na hora?*

Então, comecei a pensar sobre Kevin.

Ele se perguntaria: *quem estará nesse evento? Com quem posso falar? Pode ser um novo contato ou recurso — um link para um novo produto ou ideia?* Não importa aonde ele fosse, estava sempre disposto a fazer esse tipo de reunião, mesmo quando algumas delas acabavam vazias.

"Você só precisa acertar uma em dez vezes", ele disse.

Aquela cena do saco de lixo cheio de jornais também teve uma influência profunda na forma como uso meu tempo. Se Kevin Harrington tinha tempo para ser curioso e ler pilhas de revistas e jornais, eu também tinha — e você também tem.

Se você começar a fazer sua pesquisa, vai perceber que todos os grandes fazem isso. Warren Buffett gasta de três a quatro horas por dia alimentando sua curiosidade sobre empresas e mercado financeiro. Ele é um leitor voraz. O mesmo ocorre com Bill Gates. A maioria dos empresários compartilha o traço da curiosidade, mas tende a ter um foco estreito — somente a sua área de especialidade. Os super bem-sucedidos têm um apetite insaciável por informações até mesmo sobre tópicos aparentemente não relacionados, porque sabem que se não tiverem, podem perder a próxima grande oportunidade — e eles são intencionais quanto ao tempo que levam para encontrar essas oportunidades.

Eu usava bastante a desculpa de "não ter tempo". A verdade é que você não pode continuar cortando a árvore se o seu machado está tão cego que já não corta nada. Você precisa ter tempo para afiar o seu machado. Afiar de tal forma que, quando o balançar, levará metade do esforço para derrubar a árvore.

Kevin não tem uma relação de trabalho íntima com as equipes por trás dos empreendimentos como eu. Então, descobri que também estou mais curioso em relação à minha equipe, gastando mais tempo com perguntas e analisando seus pensamentos e pontos de vista para descobrir o que estão aprendendo, capacitando-os para melhorar suas qualidades e compartilharem mais, o que teve resultados muito reais.

Pensava que meu trabalho como líder era resolver os problemas da minha equipe. Era uma mentalidade arraigada em mim. Se alguém tivesse um problema, eu queria que o trouxesse até a mim para que eu pudesse corrigi-lo. Sendo curioso e fazendo perguntas, aprendi que meu *verdadeiro* trabalho era ajudá-*los* a aprender como resolver seus próprios problemas.

Muitos líderes funcionam com a mentalidade de "consertar para os outros", mas é muito importante lembrar — dê um peixe a um homem e ele vai ter o que comer hoje; ensine-o a pescar e ele vai ter o que comer pelo resto da vida. Eu não era curioso o bastante para descobrir se as minhas equipes tinham a capacidade de resolver os próprios problemas. Eu sabia que era bom nisso, mas, ao fazer perguntas, aprendi que elas eram melhores do que eu. Se tivessem que consertar as coisas do meu jeito, teriam que aprender do meu jeito. Quando resolviam os problemas por conta própria, faziam-no de maneira intuitiva.

Muitas vezes, nossos métodos eram diferentes, mas os das equipes eram melhores porque eram sustentáveis e escaláveis, porque faziam sentido para elas, em vez de apenas para mim. Olhando para trás, vejo que minhas soluções eram ineficientes, mas elas faziam o que eu dizia simplesmente porque eu era o chefe — mesmo quando não era o melhor para os nossos resultados financeiros.

Essa constatação deu uma nova margem à minha vida, pois se você não é a única pessoa resolvendo problemas, então seu negócio pode funcionar sem você. Eu gastava 80 ou 90% do tempo *nos* negócios e o resto trabalhando *para* os negócios. Agora, é o inverso. Estou lá quando elas se deparam com um obstáculo e ainda não sou capaz de resolver as coisas. Então, dou a informação correta ou falo com a pessoa certa, o que permite que elas tomem os próximos passos necessários.

Houve um tempo em que batalhamos com o nosso relatório financeiro, porque o fazíamos da forma como eu sabia fazer. O que eu devia ter feito era ter empoderado minha equipe para que fizesse como quisesses, mas não fui curioso o suficiente acerca de seu pensamento e opinião. Quando finalmente saí do meio do caminho e perguntei: "Como vocês fariam isso?", recebi os relatórios financeiros dentro do prazo e mais precisos do que nunca.

Meu paradigma foi invertido. Considerando que antes eu sentia que não tinha tempo para ser curioso, agora percebo que *não* posso deixar de ser curioso. Como poderia começar a me considerar um empreendedor se não estivesse disposto a investir na pesquisa e na leitura — para ver o que meus concorrentes faziam e o que estava acontecendo no mercado? Se eu fosse mais um lenhador amador golpeando a árvore com meu machado cego, o que isso diria sobre mim? Será que eu estaria derrubando a árvore certa?

Dois Ouvidos e Uma Boca

Talvez o mais importante foi ter visto o efeito da minha curiosidade na minha família. Frequentemente, vivemos os momentos da vida sem parar para perguntar: Por que fazemos isso? Por que fazemos o que fazemos e o que *deveríamos* fazer? Como podemos ser uma família, ser pais e filhos melhores, e ter um casamento mais forte?

Reflito sobre a minha curiosidade em relação à minha família e como ela me ajudou a aprender a ouvir. Há um ditado que amo: Deus nos deu duas orelhas e uma boca por um motivo. Temos que ouvir duas vezes mais do que falamos. Não dá para ser curioso e falar. Você tem que receber informações. Ao conversar com a minha família sobre como posso chegar mais próximo do pai que eles desejam, tornou-se bastante óbvio para mim que eu tinha a reputação de workaholic e que não lhes dava minha atenção integral.

Ainda estou evoluindo a esse respeito, mas, ao ouvi-los, tenho trabalhado bastante em relação ao que faço com o meu "tempo livre". Ainda é difícil para mim concentrar-me nos tempos livres, o que significa que não trabalho nesses períodos — não atendo o telefone nem respondo aos e-mails. Ainda é um processo; nem consigo ficar perto do meu telefone durante esse tempo, porque fico muito tentado a olhar.

Você quer ser responsabilizado? Diga aos seus filhos que quer estar totalmente envolvido, foque neles quando colocá-los para dormir à noite, e se olhar para o telefone, dê-lhes permissão para tirá-lo ou até mesmo penalizá-lo de alguma forma. Eles vão se sentir as criaturas mais poderosas do planeta. A primeira vez que falhei, eles partiram para cima de mim. Foi constrangedor, na melhor das hipóteses, porque sou muito grato pelo tempo de qualidade que temos.

Como dediquei um tempo para ser curioso e procurar formas de melhorar, saber o quão significativo esse tempo de qualidade é para os meus filhos vale mais do que qualquer trabalho. Eu queria resultados extremos. Queria ser um pai melhor, pois sabia que não estava agindo da forma correta, mas, para isso, precisava fazer a pergunta que Kevin fez. Embora a pergunta se referisse a produtos e negócios, aplicá-la tanto às minhas práticas de negócios como à minha família não tinha preço:

Qual era o problema e como eu poderia chegar a essa transformação mágica?

Eu poderia perguntar a eles o que estava errado, e então, calar a boca e ouvir.

A curiosidade leva a perguntas. Fazer as perguntas certas leva a informações valiosas.

Mas o que fazer depois de obtê-las?

Kevin sabia como focar e tecer um plano — e ele tinha muito mais a me ensinar.

CAPÍTULO QUATRO

CONCENTRE-SE E TRACE UM PLANO

Muitos empresários pensam que ficam estagnados por não terem um plano adequado.

No mundo de Kevin Harrington, eles não ficam estagnados por não terem um plano bom o suficiente — mas porque não têm o "plano perfeito". E nunca terão.

"Não existe plano perfeito", disse-me Kevin, em uma viagem de Chicago para Nova York. "Se você correr atrás de um plano perfeito, certamente irá falhar. Se está correndo atrás da perfeição, já chegou 20% mais longe da posição em que precisava estar para entender como traçar o plano certo."

75 A 80%

"Como assim?", perguntei.

"Lembra quando eu falei sobre a procrastinação dos perfeccionistas? Que você só precisa ter uma ideia a um nível de 75 a 80% e implantá-la? Não é só isso. Você *tem* que abraçar este conceito, porque há grandes e esmagadoras chances de que você tenha entendido algo errado. Só há uma maneira de descobrir. Aja. Você tem que agir de acordo com as suas ideias."

"A verdade é que, sem muito treino formal, a maioria dos empresários é razoavelmente capaz de levar uma ideia ao nível de 75 a 80%. Todos nós conhecemos alguém — talvez até nós mesmos — com um instinto natural de refletir sobre certos elementos de uma ideia ou oportunidade a ponto de chegar a esse nível. Faz parte da natureza humana. O que não é instintivo é a capacidade de tomar a decisão final e agir sem ser perfeito."

"O instinto é fazer o oposto. Ao chegarmos perto do fim do nosso processo de planejamento, temos que realmente *fazer* alguma coisa com isso, ou dar um retorno, ou colocá-lo no mercado. É aqui que toda a ansiedade e medo se infiltram. É aqui que o empresário diz: 'Não estou totalmente pronto. Preciso continuar planejando. Há mais a fazer'. Perdi a conta do número de pessoas que conheço que alcança os 80% e fica estagnado por *anos*."

Ele estava certo. Houve um senhor que trouxemos pelo programa Ziglar, cuja ideia ficou parada em 80% por quatro anos antes de nos conhecer. *Quatro anos*. Levou algumas reuniões para colocá-la em ação. Ele aprendeu, provavelmente, dez vezes mais nesses quatro meses seguintes do que aquilo que aprendeu e descobriu nos quatro anos de planejamento.

É por isso que Kevin não acredita em um plano de negócios de cinco anos.

"Seis meses", Kevin disse. "Depois de levar um projeto a 80% e implantá-lo, você precisará pivotar várias vezes durante essa implementação inicial e seria impossível acompanhar por mais do que meio ano. Os únicos tipos de empresas que conseguem planejar para daqui a cinco anos são as Procter & Gambles do mundo. São empresas com 100 anos de idade e uma longa história. Podem se dar ao luxo de pensar cinco anos à frente."

"Mas não empresários. Empresários precisam considerar um prazo de seis meses para um plano de negócios. E ponto final."

Ele estava certo. Assim que ele disse isso, percebi que eu estava olhando muito longe. Tenho que admitir, no entanto, que levei tempo para adotar o conceito inteiramente, porque inicialmente pensei que tudo tinha que ser calculado para um período de seis meses, incluindo algumas coisas como o orçamento. No entanto, não foi isso que ele quis dizer. Ainda é importante ter projeções de fluxo de caixa para o ano e manter as finanças em ordem. É o planejamento que não deve ultrapassar aquela marca de meio ano.

Essa estratégia não é algo que Kevin simplesmente prescreve — não é da boca para fora. Enquanto escrevíamos este livro, não olhamos para além de seis meses no planejamento de alguns empreendimentos em que estávamos envolvidos pois sabíamos que, ao final desse período, iríamos ajustar tudo de novo.

Isso não se aplica apenas se você está começando. Digamos que você já tenha um negócio. Nele, suas vendas e estruturas podem ser planejadas mais adiante. Mas e se você tivesse uma nova ideia para um produto, um novo canal de vendas ou uma nova divisão? Adivinhou — deve voltar para a janela de planejamento de seis meses para qualquer coisa nova que tente desenvolver ou implementar.

A grande importância dessa estratégia para os empresários (e não para grandes empresas estabelecidas, com uma longa história) é que eles, em sua maioria, estão programados para pivotar. Estamos programados para ter muitas falhas e recuperá-las. Grandes empresas gabam-se de *não* falhar porque fizeram muita pesquisa e desenvolvimento com a noção de que a maioria de suas ideias foi bem-sucedida. O grau de sucesso pode variar, é claro, mas elas tendem a ter pouquíssimas falhas.

Empresários podem, e vão, falhar muito. De fato, como você verá, isso sempre foi e sempre será um tema central para Kevin. Você vai se levantar mais forte do que era quando fracassou? Vai fracassar rápido? Se sim, como poderia realmente prevê-lo com tanta antecedência?

Um quadro em Branco (Canvas)

Kevin e eu fizemos várias viagens de negócios ao Brasil. Em uma delas, Kevin fez um discurso sobre seus nove passos para o planejamento de negócios. O que aprendi ao observá-lo ali foi que, devido à sua curiosidade agressiva, ele está constantemente aberto à mudança e ao aprendizado.

Uma das formas usadas por Kevin para planejar era um método de brainstorm, semelhante a um quadro branco (canvas), mas usava notas adesivas. Basicamente, ele colocava uma análise SWOT — ou FOFA (Forças, Oportunidades, Fraquezas e Ameaças) — nas notas adesivas — qual é a oportunidade, qual é o mercado, quais são os problemas? E então, colava essas notas por toda a parede e as movia conforme necessário.

Essencialmente, ele criaria seu plano de negócios dessa forma. Às vezes, removia uma das notas quando descobria que a informação era irrelevante. Às vezes, adicionava uma série de notas adesivas. Era mais um processo de planejamento rápido do que um planejamento estratégico formalizado com um longo processo de descoberta, pesquisa e desenvolvimento.

Como resultado do compartilhamento desta tática, alguém na palestra — alguém que estava lá para aprender com Kevin — apresentou a ideia de Business Model Canvas ou Quadro de Modelo de Negócios. Quando Kevin entendeu do que se tratava, gostou tanto que ofereceu um pagamento a ele pela ideia.

Ele se chamava Alexander Osterwalder e escreveu o livro *Business Model Generation: Inovação em Modelos de Negócios*[1].

O conceito do livro é que há nove segmentos, ou nove componentes essenciais, que qualquer empresa — principalmente as novas — precisam pensar em termos de lançar seus negócios para poderem acelerar o processo.

Usando um quadro branco (canvas), ou mesmo as notas adesivas de Kevin, você deve observar nove áreas simples:

1. *Quem são seus parceiros-chave?* Quais são as motivações desses parceiros e dessas parcerias?
2. *Quais são as atividades-chave da ideia da empresa?* Quais são as principais atividades que sua proposta de valor exige para o seu negócio?
3. *O que você entregará para o cliente?*
4. *Que problema você está resolvendo?*
5. *Qual é a sua relação com o cliente?* Que relação você espera poder estabelecer com ele e qual será o custo desse relacionamento?
6. *Que classe de clientes você mira?* Qual é o seu público-alvo e qual é o seu avatar?
7. *Que recursos-chave esta empresa ou produto necessita?*
8. *Que canais de distribuição são necessários para essa ideia ou produto chegar ao mercado e qual é o custo?*
9. *Qual é o seu principal fluxo de receita?* Como você vai vender para os clientes e como eles vão pagar?

"Amei a ideia", Kevin disse. "Para mim, os empresários são, de certa forma, como artistas. Eles se sentam em frente a este quadro em branco (canvas) que, para algumas pessoas, representa uma impossibilidade. Essas pessoas dizem: 'Não tenho como preencher este espaço vazio. Nunca vou conseguir. Tenho que trabalhar para outra pessoa. Isso não é para mim.'"

---

[1] Disponível no Brasil pela editora Alta Books.

"E o empresário? Para ele, um quadro em branco representa possibilidades infinitas. Eles dizem: 'O mundo está nas minhas mãos. Só preciso de uma boa ideia'. E então, *boom*, eles podem começar a percorrer esses componentes essenciais."

"Empresários dizem a si mesmos: 'Só preciso dos parceiros certos para fazer as coisas certas. Preciso da proposta de valor certa e também dos clientes-chave nesses canais. Se eu tiver os recursos e os canais de distribuição certos, e puder levar o custo a esse nível, mudarei o mundo'."

"A ideia do quadro (canvas) era tão interessante porque era muito simples. Usaram o que eu estava fazendo com as notas adesivas e simplificaram ainda mais. Deram nome e imagem ao que eu já estava fazendo na minha vida e em tempo real. E eu amo simplicidade."

"Por exemplo, sempre que tenho um problema, adoro usar o Diagrama Espinha de Peixe para resolvê-lo."

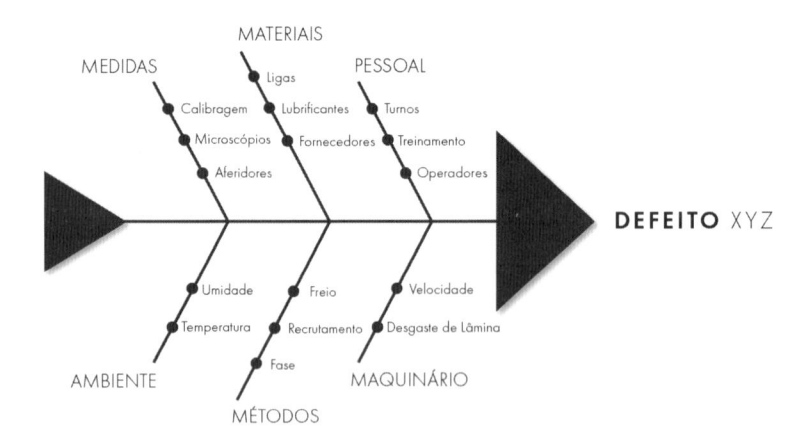

"O *problema* é a 'cabeça' do peixe. Então, você traça uma linha da esquerda para a direita. Ao longo desta linha, você traça outras, diagonais, representando as "espinhas" do peixe. Nestas, você escreve as *causas* do problema e suas fontes, como vendas, produção ou empregados. É um diagrama muito simples que permite visualizar concretamente um problema, em vez de apenas falar sobre ele de forma abstrata."

Como Eu Estava Entendendo Errado

Agimos de acordo com o que sabemos.

Antes de conhecer Kevin, eu estava envolvido em um planejamento estratégico que aprendi no tempo que passei nas grandes corporações americanas, trabalhando para empresas como Kellogg's e *USA Today*. A *USA Today* é propriedade da Gannett, o que quer dizer que é *altamente* influenciada por uma estrutura corporativa muito grande. Na época, acho que a Gannett comandava mais de 50 jornais. Basta dizer que eram enormes. A Kellogg's tinha mais de 100 anos. Elas faziam planejamento estratégico há anos.

Esses eram os processos que eu conhecia e, mesmo que os considerasse desafiadores e ineficazes, não acreditava que houvesse uma alternativa. Não tinha percebido que, tão logo terminava meu planejamento estratégico como empreendedor, já tinha ficado para trás. Já tinha tido que pivotar três vezes, e por isso meu plano estava obsoleto e eu não iria usá-lo, o que me colocaria na pior das situações. Não só ele não era mais necessário, como estava sem plano nenhum.

Enfrentar essa realidade passou a ser frequente demais. Eu me descobri, como muitos empresários, simplesmente confiando nos meus instintos, sem qualquer plano. Olhava para caras como Kevin Harrington e simplesmente aceitava que ele tinha o toque de Midas — que ele tinha boas ideias e as executava porque sabia que eram boas. Nunca me ocorreu que ele tivesse um processo de planejamento de seis meses ou alguma outra forma simples de modelagem.

Eu não tinha planos. Não tinha modelos.

Certa vez, o filho de Zig Ziglar, Tom Ziglar, me disse:

"O processo tira a pressão da pessoa."

Essa simples frase definiu exatamente o que vi em Kevin quando comecei a trabalhar com ele.

"O Diagrama Espinha de Peixe", disse Kevin, "e o Quadro de Modelo de Negócios são exemplos de processos microempresariais que podem ser usados para determinar se uma oportunidade tem ou não bom potencial. E se — ou quando — você enfrentar um problema dentro da oportunidade, eles o ajudam a pivotar e ajustar."

"Esses processos tiram a pressão da pessoa porque lhe dão algo para aprender quando as coisas dão errado. Se você não tem um processo ao qual recorrer, o medo se torna parte da equação. Você fica tomado pela ansiedade e pela pressão. Diz a si mesmo que vai falhar e falir. Demite-se para ganhar mais dinheiro e, então, dá de cara com problemas que nunca previu. Isso o leva ao modo pânico."

Kevin vive esses processos, junto com a noção de chegar a 80% e planejar no máximo seis meses. Em seguida, ele os duplica continuamente e isso tira a pressão de qualquer negócio ou ideia com que se envolva.

Quando se trata dessa ideia de duplicação, seria tão bom se eu soubesse o que sei agora — embora, de certa forma, ao errar, tropecei em seus métodos à minha própria maneira.

"Podemos Duplicar?"

Uma das coisas que achei mais incrível sobre Kevin é o fato de ele me ensinar em retrospectiva. Para compartilhar essa história, temos que recuar para a época da minha vida em que eu ainda não o conhecia, a fim de olhar para algumas das minhas experiências anteriores através das lentes da orientação de Kevin.

Um dos meus primeiros negócios foi um dos mais bem-sucedidos em que estive envolvido. Por estar indo bem, partimos do pressuposto de que o sucesso geraria mais sucesso, quando o que deveríamos fazer era nos perguntar: *Que processo usamos para ter sucesso? É algo que podemos repetir?*

Deveríamos ter nos perguntado isso — mas não o fizemos.

Como continuamos fazendo entrar dinheiro, o banco eventualmente nos abordou — como sempre faz — e nos disse que poderíamos fazer o negócio *realmente* crescer se tivéssemos uma linha de crédito. Concordamos, é claro. Na verdade, pensávamos que poderíamos fazer loucuras com aquele negócio — dependendo do quanto poderíamos conseguir. Éramos uma empresa sem dívidas na época, lucrando entre 300 e 400 mil dólares ao ano. Então, perguntamos quanto de crédito poderíamos ter aprovado.

O banco voltou com uma linha de crédito de 1 milhão de dólares aprovada — e fomos com tudo.

Tudo o que precisávamos era de mais dinheiro para dobrar ou triplicar nossos negócios, certo? Tínhamos sucesso significativo e acesso a uma boa quantidade de capital. Com o dinheiro em mãos, voltamos ao trabalho lançando uma variedade de novos produtos, sem processo nem plano.

No ano seguinte fizemos o mesmo volume de vendas e tínhamos 1 milhão de dólares em dívidas.

Esgotamos nosso capital e não fizemos nada para aumentar a receita. Isso significava que tínhamos gastos enormes para cobrir todos os meses, com uma taxa de juros mensal a pagar e não estávamos fazendo dinheiro adicional algum.

Claramente, tínhamos um enorme problema a resolver.

Embora essa situação seja anterior à minha época com Kevin, ao olhar para trás, percebo que empreguei estratégias que ele defende até hoje. Ao fazê-lo, fui capaz de olhar essa experiência por meio de sua orientação e extrair mais lições, enquanto que se eu não a tivesse, o que aconteceu poderia não ter sido tão impactante para mim quanto é hoje.

Sentávamos-nos e dizíamos: "Quais são os problemas dos nossos clientes que podemos resolver?" No início, pensávamos que tudo o que tínhamos que fazer era criar e produzir o produto para as pessoas comprarem. A realidade é que havia muitos produtos por aí, mas pouquíssimas pessoas resolvendo problemas.

O negócio era de manufatura e vendíamos para varejistas, mas, antes disso, nós mesmos éramos varejistas. Passamos para a manufatura porque o varejo nos trazia um problema que ninguém estava resolvendo. Quando íamos a feiras e comprávamos um produto, e esse produto não era vendido, o fabricante ainda esperava ser pago. A única maneira de recuperar esse dinheiro era liberar o produto.

Como resultado, todo o nosso lucro do ano não foi uma resposta aos bons produtos que escolhemos — teve muito mais a ver com a nossa habilidade de nos desvencilhar das decisões de compras ruins que tomamos. Em outras palavras, nosso lucro foi em grande parte amarrado na "compensação". Muitos pensam que, quando os varejistas vendem itens com 50 a 75% de desconto, eles estão perdendo dinheiro, quando, na verdade, é assim que mantêm a receita que fizeram com seus produtos de preço total. Pegue qualquer varejista de roupas — provavelmente, eles tiveram lucros incríveis com seus itens caros, mas seu estoque está repleto de más decisões. Eles só conseguem calcular a própria receita quando se livram desses itens.

Como tivemos esse problema como varejistas, lançamos uma empresa para resolvê-lo — não apenas para nós, mas para todos. Nosso método era garantir a venda do produto para que o varejista jamais ficasse encalhado com algo que não consegue vender. Tínhamos uma maneira muito inteligente de ajudar na circulação do produto, de modo que os varejistas sempre pudessem obter margens totais em qualquer coisa que comprassem de nós. Foi uma ideia brilhante, e por isso tivemos tanto sucesso.

E fizemos todo esse dinheiro.

Com ele, decidimos que só precisávamos lançar mais produtos. Ao fazê-lo, saímos da resolução de problema para simplesmente começar a produzir. No momento em que abandonamos aquela ideia inicial, estávamos no caminho de nos colocar em uma dívida de 1 milhão de dólares.

Felizmente, descobrimos muito rápido que termos nos desviado de nosso objetivo original de solução de problemas nos colocou nessa situação. Nós nos relançamos com o slogan:

"No Cottage Garden, tiramos o risco do varejo."

Nós quadruplicamos nossa aposta na ideia de resolver esse problema e garantimos que todos os produtos que fabricávamos estivessem alinhados com esse objetivo. Com essa pivotagem, quando menos esperávamos, 24 meses depois, não apenas pagamos nossa linha de crédito, mas também ganhamos 1 milhão de dólares a mais.

Como disse, Kevin não estava na minha vida nessa época. No entanto, posso olhar para essa experiência por meio da estrutura estabelecida por ele para ver como fomos capazes de realizar essa reviravolta — apoiando-nos em processos duplicáveis comprovados para funcionar, os quais poderíamos replicar indefinidamente. Determinamos os problemas e a causa de uma forma concreta, o que nos permitiu trabalhar em uma solução definitiva. Não planejamos em excesso. Assim que soubemos o que precisávamos fazer, agimos — e com grande sucesso.

Refletindo sobre essa história, percebi o valor da orientação de Kevin em um grau ainda maior. Isso reforça a ideia de um processo no qual você pode se apoiar — um que pode se repetido várias vezes. É assim que se expande um negócio em escala e pode garantir seu sucesso como empresário.

A orientação de Kevin realmente marcou meu entendimento de que se seus processos forem simples e fortes o suficiente, podem ser aplicados a quase todos os negócios.

Inclusive no negócio da minha família.

Falhando no Planejamento...

Filhos — e seus pais — podem ter ideias grandiosas em suas mentes, como os empreendedores.

Um dia, as crianças decidem que querem fazer um mochilão pela Europa ou escalar o Everest. Os pais, por sua vez, dizem desejar que seus filhos estudem em Harvard, ou que sejam jogadores de futebol.

Como você espera alcançar algumas dessas metas tão altas sem um plano? Lembre-se, a falha que percebi na minha família é que nem tínhamos o propósito de nos sentar e fazer reuniões para discutir o que queríamos realizar. É certo que outras famílias estejam cometendo o mesmo erro.

Famílias, em sua maior parte, não planejam — nós não o fazíamos. Elas não planejam fazer sucesso e, mesmo quando o fazem, têm projetos elaborados como o Everest e Harvard. Não há Business Model Canvas e brainstorming.

Graças à orientação de Kevin, quando se tratava dos meus filhos, decidi que se eles tivessem uma ideia, nós a planejaríamos — mas só até 80%. Então, eu os encorajaria a agir.

Minha filha Grace me falou que amava ajudar os outros. "Quero ser missionária na África e ajudar as crianças necessitadas pelo resto da vida", ela me contou.

"Certo", eu disse. "Mas como podemos reforçar isso? O que poderíamos fazer por aqui primeiro e que ajudaria outras pessoas?"

Em seguida, começamos um brainstorming e tivemos uma ideia. Na nossa comunidade, há um banco de alimentos que atende às famílias necessitadas. São necessários voluntários para operá-lo, distribuir os alimentos e retirá-los dos caminhões. A princípio, minha filha ficou hesitante.

"Não conheço ninguém lá", ela disse.

"Você quer ajudar aquelas crianças na África", eu disse. "Você sente que essa é a sua missão. Vamos começar com algo local — algo que você possa fazer *agora* — e ver aonde isso nos leva."

Grace começou como voluntária no banco de alimentos. Por meio do seu trabalho, descobriu que poderia ajudar famílias em Indianápolis, e então se voluntariou em um programa que ia para lá ajudar. Aquele programa se desdobrou em vários outros, e ela acabou entrando para o comitê de filantropia do nosso condado.

Kevin e eu fizemos uma doação para a construção de uma escola na África e fizemos uma viagem para visitar e ajudar a construir. Levei conosco a minha filha mais velha, Mary, pois Grace não tinha idade para fazer a viagem. Nessa viagem, Mary percebeu que a maioria das crianças não tinha sapatos. Eles transformavam latas de Coca-Cola amassada em sandálias, ou amarravam pedaços de outros sapatos para calçá-los — ou simplesmente não usavam nada.

Mary voltou e contou a Grace, que agora tinha a experiência de duplicar sucessos muito menores ao ajudar os outros. Como resultado, ela se viu apta a avançar em direção ao seu objetivo de ser missionária na África.

"Sabe o que vou fazer?", ela disse. "Vou arrecadar sapatos para essas crianças e montar uma estação de coleta na minha escola."

Sentamos e fizemos nosso canvas. Não era perfeito — de todo — mas chegamos em torno de 75%, e Grace o implementou. Ela montou um depósito de coleta na escola, uma enorme caixa coberta de papel branco com o nome de seu empreendimento: Shoes for Change. A meta era fazer com que as crianças de sua escola colocassem na caixa os pares de sapato que não usavam mais. No papel branco, as crianças assinariam seus nomes após a doação, para que ela pudesse levar para a África junto com os sapatos, quando arrecadasse o suficiente para justificar a viagem.

Funcionou, mas não para gerar o número suficiente de sapatos. Uma escola, uma caixa e uma ideia não seriam suficientes para colocar sapatos nos pés de todas as crianças do orfanato que ela descobriu em Nairóbi, Quênia. Ela começou a fazer ligações e descobriu que outras escolas do condado também estariam dispostas a colocar essas caixas. De repente, havia três escolas com três caixas e a notícia se espalhou. Ela ligou para *cada escola do condado*, sem saber se diriam sim ou não.

Quando menos esperamos, havia postos de coleta em *todas as escolas do condado*. Ela acabou na primeira página do jornal local. Fizeram uma matéria completa sobre Grace e o Shoes for Change e, em poucas semanas, ela coletou mais de 1.500 pares para *cinco* orfanatos na África. Ela até levantou

2 mil dólares para o transporte até a África. Não se engane — Grace não quer ser empreendedora. No entanto, ela se beneficiou e está mudando o mundo a partir das lições empreendedoras que aprendi com Kevin Harrington e que trouxe para o negócio da minha família. Se tivesse escolhido não compartilhar o que Kevin me ensinou, a meta dela jamais teria se realizado — não porque ela não tem um coração filantrópico enorme ou porque as crianças não precisam de sapatos, mas porque eu teria, essencialmente, negado esta oportunidade a ela se optasse por não compartilhar os ensinamentos de Kevin.

Grace está agora a caminho de se tornar uma missionária na África, e mudará o mundo. Enquanto escrevíamos esse livro, ela foi aceita em um programa de verão da faculdade de medicina de Harvard. Ela quer ser pediatra nos vilarejos da África atendidos pelo seu programa, Shoes for Change. Algum dia, as famílias desses vilarejos a chamarão de "Dra. Gracie".

Se o Shoes for Change tivesse permanecido como uma ideia, sempre na etapa de planejamento, as chances de que isso pudesse acontecer seriam praticamente nulas. O Shoes for Change está agora em processo de se tornar uma fundação 501(c)(3)[2] que viverá, com sorte, além da Gracie. Por ter agido de acordo com um plano imperfeito, ela já deixou o seu legado.

No entanto, para alguns, pode parecer muito mais fácil falar do que tomar esse tipo de decisão. No próximo capítulo, vamos nos aprofundar um pouco mais no que Kevin me ensinou — e, portanto, na minha empresa e na minha família — e sobre como fazê-lo com confiança.

---

2   Fundação 501(c)(3) - fundação sem fins lucrativos com direito à isenção de impostos.

CAPÍTULO CINCO

TOME UMA ATITUDE

Fui vítima do que muitos empresários comumente são — da inação. Antes de te dizer como, deixe-me explicar como isso acontece com pessoas como nós.

Certa vez, Kevin e eu estávamos conversando sobre um empreendimento e, no meio da conversa, ele disse:

"Aprendi cedo que, às vezes, você precisa acender muitas fogueiras antes de encontrar aquela que queima mais."

Alimentando a Fogueira Certa

O que ele quis dizer é que está sempre em busca de novas ideias de negócios que serão um sucesso, mas que atingirão um múltiplo de 100. Para isso, como ele disse anteriormente, você não pode sentar e planejar demais. Deve agir com base nessas ideias — acender a fogueira, ver qual está queimando mais e, então, jogar lenha nela. Você já leu isso antes nessas páginas, mas vale a pena repeti-lo até que se torne uma espécie de mantra.

Também é importante entender que você não pode fazê-lo apenas uma vez.

Muitas pessoas pensam que Kevin é um gênio dos negócios devido ao sucesso que obteve. A verdade é que ele entende as probabilidades e está disposto a confiar nelas. Também está disposto a ter nove falhas para chegar a um sucesso multiplicado por 100. Para isso, é necessário uma ação imediata. Ele se disciplinou para não planejar demais. Com o planejamento excessivo, vai acabar falhando lentamente.

Agora, para alguns, essa ideia pode parecer contraintuitiva. Como o planejamento pode causar o fracasso dessa maneira? O excesso de estratégia e a implementação de um plano elaborado não evitam o fracasso — na verdade, é mais provável que você fracasse em um ritmo que custa muito mais a longo prazo do que se você tivesse falhado rapidamente, como Kevin costuma fazer.

Kevin sempre quer falhar rápido. Se vai ser uma ideia ruim — se a fogueira não vai se manter acesa, apague-a. Não continue artificialmente só porque você deseja que a ideia tenha sucesso quando não é para ser.

Participo de um fórum de comunicação de *masterminds*. (Se você nunca foi em um nem ouviu falar de *mastermind*, é uma comunidade bastante exclusiva de empreendedores e mentores de sucesso que trabalham juntos com o objetivo final de ajudar uns aos outros a atingirem seus objetivos de negócios). Nele, vi outro empresário compartilhar um plano elaborado para uma nova ideia de negócios. Parte do plano incluía gastar 100 mil dólares em propaganda no Facebook, não para conseguir vantagens ou vendas, mas simplesmente para divulgar a ideia e criar seguidores em torno dela e para ela.

Alguém no tópico, falando como voz da razão, perguntou por que aquele empresário simplesmente não começava enviando uma mensagem para a sua lista de e-mails para ver se havia algum interesse real na sua oferta. Era uma boa pergunta. Lá estava aquela pessoa, pretendendo gastar 100 mil dólares para construir uma comunidade em torno do seu conceito antes mesmo de saber se alguém estava interessado nele. E, na verdade, essa pessoa tinha uma lista de mais de 6 mil e-mails pessoais. Com esse grande número, poderia ter feito um lançamento inicial, enviá-lo para aquelas milhares de pessoas e ter medido seu interesse antes de gastar um centavo em publicidade.

Infelizmente, essa ideia de gastos e planejamento elaborado é típica dos empresários de hoje. Embarcam nessas longas jornadas de estratégia antes mesmo de realmente provarem o conceito. Então, estão tão envolvidos que continuarão, mesmo que a ideia seja ruim. Vão continuar alimentando a fogueira.

Se você testar uma ideia e as pessoas gostarem, não precisará de todo esse planejamento extra. Você validou o conceito e agora está pronto para gastar o dinheiro e apostar tudo. Não se trata de saber quando se tem uma ideia *ruim* — e sim de saber quando se tem uma ideia *boa*. Se eu colocar algo no mercado e ninguém levantar a mão para dizer "quero mais", o negócio não pode se expandir em escala. Gastar 100 mil dólares em uma ideia faz com que seja 100 mil vezes mais difícil abandoná-la. Você se cega para a verdade. Essa é a maior armadilha empresarial.

E eu caí direitinho nela.

Quando estava no ramo da manufatura, criamos uma linha de produtos chamada Mary's Moments, em homenagem a uma das minhas filhas. Era uma linha de papelaria — diários, cartões e conjuntos de presentes — e fez muito sucesso.

Também temos um filho chamado Markus e nos sentimos culpados por termos criado uma linha em homenagem à nossa filha, e nenhuma para nosso filho. Criamos uma segunda empresa chamada Markus, uma linha de molduras e decoração.

Acabou sendo uma bomba.

Era uma ideia simplesmente ruim — mas como colocamos nossos nomes no negócio, desejávamos que fosse bem-sucedido, mas nunca foi. Tornou-se um enorme poço sem fundo. Não pudemos abandoná-lo quando deveríamos porque, de certa forma, pareceria que estávamos abandonando o nosso filho.

Como empresários, tendemos a colocar antolhos, que não tínhamos quando concebemos a ideia original e, então, não agimos com rapidez suficiente para testá-la e ver se é, realmente, uma boa ideia. No meu caso, o que devíamos ter feito era pegar o nosso conceito da linha de molduras e decoração Markus e mostrá-lo aos nossos representantes de vendas, obtendo sua opinião antes mesmo de criarmos a linha, comprarmos os produtos e tentarmos vendê-los.

Colocamos essas antolhos porque fazemos do negócio algo pessoal. Nós o levamos para *muito além* da sua utilidade e perdemos muito dinheiro com ele. Mary's Moments foi feito muito organicamente. Tivemos uma ideia e o mercado adorou. Não pretendíamos criar essa linha de enorme sucesso. Em vez disso, trabalhamos a ideia em uma escala pequena. Levamos a ideia ao mercado e eles a validaram — e *então* escalamos.

Não tivemos o mesmo pensamento com a linha de nosso filho porque cometemos o erro de pensar que ela iria funcionar da mesma forma. Por isso, desenvolvemos uma linha inteira e nos lançamos de uma vez, tornando muito difícil encerrá-la. Mantivemos a fogueira ardendo por três temporadas — um ano e meio — quando não deveria ter durado uma. Tentamos reformulá-la e sair com uma versão diferente, mas sem sucesso. Três temporadas no mundo da manufatura é muito tempo para uma linha de produtos que não teve sucesso desde o primeiro dia.

Muitas foram as razões para ter dado errado. Havia muita competição no mercado. O preço não estava certo. Não era um produto suficientemente único. Talvez, o mais importante, não era nossa principal competência como empresa.

Mary's Moments focava em papelaria — artigos, papel para anotações em uma moldura pop-up para pôr na mesa, cartões para anotações em uma embalagem especial para carregar. A linha Markus envolvia joias, tecidos e moldura de madeira. A linha de Mary teve recepção instantânea. A de Markus, não.

"Você não pode criar esses planos elaborados e, em seguida, colocar antolhos na hora de puxar da tomada", disse Kevin, quando eu lhe contei essa história. "Deve procurar pessoas que levantarão a mão e te dirão 'eu quero', muito antes de ir longe demais no planejamento. A última coisa que você quer fazer é convencer o mercado de que a culpa é dele por não querer o produto. Você tem que buscar as fogueiras que queimam com seu próprio combustível — não as que precisa continuar alimentando para queimar."

"Deixe-as queimar, porque você irá descobrir *por que* elas estão queimando — embora, às vezes, não precise saber. Às vezes, você apenas tem que aceitar que sim. Essa é uma das partes mais difíceis de ser um empreendedor, porque investimos muito em nossas ideias."

A ironia, no entanto, é que, juntos, Kevin e eu tivemos dificuldades em seguir nossos próprios conselhos. Depois de ouvi-lo, disse a mim mesmo que nunca mais cometeria esse erro — no entanto, o fiz. E Kevin estava bem ao meu lado.

Uma Exceção a Cada Regra

Já falei sobre o fato de Zig Ziglar ter sido um mentor tanto para Kevin quanto para mim. Quando nos reunimos no projeto elaborado para levar seus ensinamentos a uma nova geração, rapidamente ficou claro que este era uma fogueira que precisava ser apagada. Simplesmente, não estávamos obtendo os resultados que queríamos.

No entanto, por ele ter sido nosso mentor e por ter-nos impactado de forma significativa, corremos atrás do projeto contra a nossa própria filosofia, e ele nunca se tornou o que queríamos. É verdade que, provavelmente, não teríamos o relacionamento que temos agora se não tivéssemos ido atrás, então coisas boas surgiram devido a esse esforço. No entanto, por causa do nosso amor por Zig, acabamos investindo demais nele.

Ainda assim, para cada regra há exceções.

Se você chegou a um ponto em que tem algum sucesso e decide fazer algo diferente porque o mundo precisa disso, pode haver um motivo para quebrar as regras. Você pode planejar de maneira elaborada e investir demais em uma ideia, se o motivo pelo qual o faz serve a um bem maior — se iniciar alguma mudança que você deseja ver no mundo. Não se pode apostar tudo em uma missão ou causa, no entanto, pode-se precisar dessa causa para colocar comida na mesa e sustentar sua família.

Kevin e eu estávamos tentando estender o legado de um mentor que significa muito para nós dois. Não tínhamos o intuito de tornar esta entidade multimilionária. Não tínhamos o intuito de torná-la a próxima empresa de Kevin de 100 milhões de dólares. No entanto, investimos demais — mas nenhum de nós olhou para trás com um pingo de pesar, porque, em essência, estávamos pagando adiantado. Estávamos dando a outra geração o que nos foi dado. Kevin queria fazê-lo por seus filhos — Brian e Nick — e por seus netos, para que tivessem a oportunidade de conhecer e amar o seu mentor.

Aí está uma situação em que você pode quebrar esta regra. Não pode fazê-lo com o dinheiro que sobra — não pode sacar o seu 401(k)[1] para expandir o legado de um mentor.

A boa notícia é que, da perspectiva de expandir o legado de Zig, o empreendimento teve muito sucesso. Dezenas de centenas de milhares de pessoas, agora, têm acesso à marca Zig Ziglar — muito mais do que se nunca o tivéssemos feito.

Continuamos investindo porque o resultado estava de acordo com o nosso objetivo. É por isso que é tão importante reconhecer que, às vezes, há exceções à regra — que você investe em algo simplesmente porque está apaixonado por aquilo, porque a satisfação que sente pode parecer insignificante, se comparada com o que o mundo vê como sucesso.

---

[1] 401(k) - conta de aposentadoria patrocinada pela empresa para a qual os funcionários podem contribuir.

Comece a Agir Agora

Política à parte, não há melhor exemplo da habilidade de Kevin em agir do que a história dele com Donald Trump.

"Alguns dos meus vendedores trabalhavam por comissão direta", Kevin me disse. "Eu os levava a feiras e dizia: 'vamos encontrar alguns produtos aqui'. Encontrávamos alguns e, então, eu dizia a eles: 'vamos atrair algumas celebridades para esses produtos, porque essa *wok* chinesa pode não se vender por si só'. Na época, começamos a lidar com os Jack LaLannes e George Foremans da vida. Minha equipe de vendas resistiu."

"'Kevin, como você vai conseguir essas pessoas?', eles diziam. Disse-lhes que poderia conseguir quem eu quisesse em sete dias."

"Sete dias?", perguntei a Kevin.

"Sete dias", ele respondeu. "Disse-lhes para me desafiarem. Disseram-me para falar cara a cara com Donald Trump em sete dias. Isso foi em torno de 1987, justo quando saiu o *A Arte da Negociação* e muito antes de ele se tornar o 45º presidente dos Estados Unidos. Comecei com a sua secretária, porque era o primeiro passo natural. Ela perguntou que assunto eu queria tratar com ele e, antes que eu pudesse finalizar a frase, disse 'Desculpe, ele está ocupado' e desligou. Então, tive que ser criativo."

"Tony Schwartz escreveu o livro com Trump e foi muito mais fácil de contatar pelo telefone. Liguei para ele e disse: 'Tony, você não me conhece, mas sou do *As Seen On TV*. Tenho uma pergunta para você. Se eu precisasse de 1 milhão de cópias do seu livro e estivesse disposto a pagar por elas, poderia conseguir um bom preço no atacado?'"

"Sua primeira resposta foi: 'o quê?'. Eu disse que poderia querer 1 milhão de cópias do *A Arte da Negociação*, mas precisava do melhor preço possível no atacado. Ele me perguntou quem eu era e o que fazia. Respondi que vendia produtos na TV que ajudavam as pessoas a ganhar dinheiro no mercado imobiliário, e que estava pensando em oferecer o livro de Trump como um incentivo *upsell* para as pessoas com quem conversávamos na época."

"'Você realmente acha que pode distribui-los?', ele perguntou. Novamente, disse que precisava de um bom desconto, além da aprovação de Trump, mas estava confiante de que poderia distribuir centenas de milhares, talvez milhões de livros."

"'Eu retorno', ele disse. Duas horas depois, ele me retornou e disse: 'Quando você pode vir a Nova York e encontrar com o Donald?'. Três dias depois, eu estava em seu escritório. Dirigi da Filadélfia até lá."

Aquilo foi a síntese do que é partir para a ação — sem planejamento elaborado. Sem gastar um centavo. A história de Kevin não parou ali.

"Então lá estava eu, na Trump Tower. Saí do elevador e a secretária dele estava lá, sentada do lado de fora do escritório. Do outro lado da porta, podia ouvi-lo gritando com alguém sobre ser excessivamente ganancioso. Gritando e berrando por uns bons 20 minutos. A secretária me olhava como se dissesse 'boa sorte, amigo'. Por fim, ele gritou: 'Onde está o garoto que tem um *pitch* para mim? Traga-o aqui, agora!' A secretária e eu nos olhamos novamente e entrei."

"A primeira coisa que fiz foi esticar o braço para puxar uma cadeira para me sentar. Trump disse: 'Um minuto. Não sente ainda. Você está aqui para me apresentar um *pitch* e eu sequer sei o que é. Antes de começarmos, se eu disser sim ao seu argumento de venda, quanto do meu tempo você precisará e qual é a minha vantagem? Porque se você não tiver a resposta certa, vai dar meia volta e dar o fora do meu escritório'."

"Então era hora do fale agora ou cale-se para sempre. Eu disse: 'Se você disser sim à minha proposta, vou precisar, talvez, de umas três ou quatro horas do seu tempo e você poderia fazer 4 milhões de dólares'. Pensei nisso rapidamente porque sabia que tinha que ser algo bom. Pouco tempo, muito dinheiro. Ele esperou cerca de cinco segundos, então disse: 'OK, sente-se'."

"Passamos uma hora juntos. Meu argumento básico era que o usaríamos em um infomercial para vender oportunidades imobiliárias. E saí com um aperto de mãos."

Quando chegou na fase dos advogados e tudo o mais, o negócio nunca aconteceu. Trump não queria realmente aparecer no infomercial. Ele pensou que Kevin queria apenas vender seu conteúdo. Mas a questão é que Kevin não tinha um plano elaborado quando acabou na frente do Trump. Ele nem mesmo tinha um plano para conseguir essa reunião. Ele agiu. O resultado final estava além de seu controle, mas sua capacidade de evitar que o medo do fracasso o colocasse em um estado de "paralisia da análise" o colocou no escritório de Trump.

Sucesso ou Confiança—O Que Vem Primeiro?

Muitos empreendedores — e o público em geral — acreditam que você tem que ter confiança para agir com sucesso.

Mas a ação é a galinha ou o ovo?

Kevin te dirá que é o ovo — que é a *ação* que cria a confiança, não a confiança que cria a ação.

Ele acredita no mesmo quando se trata de motivação. As pessoas acreditam que você tem que estar motivado antes de agir. Kevin acredita que agir alimenta a sua motivação para dar o próximo passo, em vez de gastar um tempo mais precioso para pensar e planejar. É nesses momentos que a sua confiança e motivação são afetadas negativamente.

Certa vez, Kevin me disse que temos muito mais probabilidade de agir de modo a sentir do que de sentir de modo a agir.

Nosso mentor mútuo, Zig Ziglar, disse:

"Se você está parado aí me ouvindo, tentando descobrir o quão grande pode ser o seu passo, ele provavelmente é muito grande e você não vai conseguir. O negócio é o seguinte: Não importa quão grande é o passo que você dá. Dê o passo do tamanho que quiser, mas faça-o agora."

Como sempre, Kevin tinha uma história perfeita para compartilhar comigo para ilustrar este conceito.

"Havia uma rede de televisão na Arábia Saudita chamada *Arab Radio and Television Network*, ou *ART*. Eles tinham cinco canais que escureciam à meia-noite e só voltavam ao ar às 6 da manhã — trinta horas de tempo não utilizado!".

"O dono da *ART* era um xeique bilionário chamado Saleh Kamel. Conheci o pessoal dele em uma feira de negócios e, depois de conversar um pouco, eles me disseram que adorariam que eu falasse com o xeique e lhe dissesse por que ele deveria fazer negócios comigo."

"Tenha em mente que isso foi no início dos anos 1990. Eu era um jovem empresário. Não tinha nem a sombra do sucesso que tenho hoje. Em outras palavras, estava apavorado. Ali estava eu, saindo de uma feira e voando milhares de quilômetros para fazer uma proposta para um xeique bilionário que, a propósito, controlava o departamento no qual se tirava a carteira de motorista de lá!"

"Eu estava extraordinariamente nervoso. Mas me apoiei nos ensinamentos de Zig, particularmente nas suas ideias sobre usar o medo da perda como uma ferramenta de negociação, e decidi que faria meu *pitch*. Na verdade, levei o livro de Zig comigo na viagem. Eu sabia que o xeique era um empresário sofisticado e que, se eu entrasse naquela reunião demonstrando qualquer tipo de falta de confiança, qualquer acordo que eu fizesse iria por água abaixo."

"Assim como foi na reunião com Trump, ele estava muito ocupado quando cheguei. Quando me posicionei em frente a ele, disse: 'Sr. Xeique Saleh Kamel, agradeço imensamente o seu tempo, mas não vou me sentar nessa cadeira para apresentar a minha oportunidade até que eu te revele algo. É muito importante fazê-lo. Gostaria que soubesse que andei negociando com a sua rival, *Orbit*, que também tem alguns canais aqui, nos países árabes. Não quero que tenhamos horas de reuniões somente para você saber depois que já estou falando com eles, então gostaria de falar isso na sua frente'."

Fiquei perplexo. Lá estava Kevin, no escritório de alguém que havia lhe dado um de seus maiores negócios até ali, e ele dizia que já estava conversando com *outra pessoa* sobre o negócio. Quanta confiança!

"Então, o xeique disse: 'Espere aí. A *Orbit* não tem o dinheiro que eu tenho, nem cinco canais'. Então, ele se voltou para sua assistente e pediu para ela trazer o filho dele para a sala. Quando ele chegou, o xeique disse: 'Diga ao Sr. Harrington o quão poderosos somos e por que somos melhores que a *Orbit*'."

Arregalei os olhos. "Então, o xeique lançou um *pitch* para você?"

Kevin sorriu. "Sim, o xeique lançou um *pitch* para mim. Passei as duas horas seguintes ouvindo-o argumentar os motivos pelos quais eu deveria fazer negócios com *ele*. Ele não estava preparado para perder um acordo para a *Orbit*. Ele me levou para conhecer o seu iate de mais de 45 metros e fizemos um tour por suas várias mansões. Ele me hospedou em sua casa. Comecei com uma entrevista de 30 minutos e passei três dias lá. No final, saímos com um compromisso de 25 milhões de dólares. Ele financiou todo o negócio e não tive que gastar nada."

"Imagine o que eu teria perdido se tivesse sucumbido aos meus nervos e medos e não tivesse agido. Se eu tivesse dito a mim mesmo que não tinha sucesso o suficiente para me encontrar com o xeique, quanto mais para dizer a ele que estava me encontrando com um de seus concorrentes. Agir dessa forma só me deu mais confiança e resultou em um negócio incrível."

Dando o Seu Melhor

A ideia de agir, sem dúvida, me impactou muito mais do que qualquer outra lição que Kevin havia me ensinado. Obviamente, mudou minha visão e perspectiva sobre os negócios.

No entanto, também mudou consideravelmente a minha interação com meus filhos. Isso me fez parar e dizer que eu queria entranhar isso no que eles eram. Queria que eles fossem pessoas de ação. Não queria que fossem impedidos pelo medo do fracasso. Quero que tentem muitas coisas. Quero que acendam suas próprias fogueiras.

Quando minha filha Grace estava na África, conheceu um jovem chamado Edwin, que tinha a mesma escoliose severa que ela. Nós éramos afortunados o suficiente para que Grace fizesse a cirurgia necessária para corrigir sua condição dolorosa, mas Edwin não teve tanta sorte — e Grace, com seu coração filantrópico, não poderia suportar isso. Não poderia viver com a ideia de que poderia fazer esse procedimento e ele não.

"Eu não posso só rezar para que ele consiga a cirurgia", ela disse.

"O que você vai fazer?", perguntei.

"Tenho que agir", ela respondeu.

Você pode ver por que ela me dá — e agora a Kevin — tanto orgulho.

No terceiro dia após sua própria cirurgia, Grace começou a trabalhar e criou uma página GoFundMe para arrecadar a quantia exata que Edwin precisava para seu procedimento.

Nós instilamos nela o que Zig Ziglar havia instilado em nós e o que a experiência de Kevin tinha reforçado em mim — literalmente. Não importava quão grande havia sido o passo dado por Grace para arrecadar o que parecia uma quantia intransponível de dinheiro em prol de um menino que mal conhecia. O que importava é que ela havia dado o primeiro passo e o fez imediatamente.

Na página do GoFundMe, ela escreveu a sua história e a de Edwin. Aquilo a fez angariar uma boa quantia, mas longe de ser o suficiente. Disse-lhe que, embora tivesse todo o meu apoio, eu não seria o tipo de pai que faz uma doação anônima para cobrir o resto e, justiça seja feita, ela nunca quis isso. No entanto, vimos as doações aumentarem consideravelmente, de repente, aparentemente do nada.

Cerca de duas semanas depois, eu estava em um evento de *masterminds*. Alguns participantes viram a postagem de Grace nas redes sociais e doaram. Eles me disseram que haviam recebido uma carta incrível dela depois de fazê-lo — que a carta era tão maravilhosa que eles compartilharam-na com seus amigos e familiares. Acabou que, para cada pessoa que doou, Grace escreveu longas cartas de agradecimento, pessoais, que terminavam pedindo às pessoas que compartilhassem a história com sua comunidade.

Conhecíamos apenas as primeiras dez pessoas que doaram. Depois disso? Os doadores eram estranhos com corações bondosos, contactados por pessoas tocadas pela sinceridade de suas palavras, e que simpatizaram com ela e a situação de Edwin.

Se essa garota de 15 anos tivesse planejado elaboradamente como arrecadar 9.700 dólares, duas coisas provavelmente teriam ocorrido. Ela ficaria frustrada com todo o processo e o deixaria de lado; ou teria planejado e elaborado estratégias, falhado, e teria ficado devastada com o resultado.

Mas nós tínhamos Zig Ziglar. Tínhamos Kevin Harrington.

Grace agiu. Ela deu aquele primeiro passo e as primeiras pessoas que doaram deram-lhe a confiança e a motivação para continuar — não o contrário. O primeiro ato lhe deu o ímpeto para seguir em frente, para escrever aquelas lindas cartas e para atingir o seu objetivo final — e ela conseguiu.

Ela precisava de 9.700 dólares. Três semanas após o início de sua empreitada, arrecadou 9.815.

Grace não sentiu apenas que deveria agir — ela agiu porque sentia.

E quanto sentimento.

Seis meses após o fim da campanha, eu estava em um jantar de negócios na Flórida e, de alguma forma, o nome da Grace surgiu. Alguém a quatro cadeiras de distância, falou: "O que a sua filha fez?" Essa pessoa esteve em um evento no mês em que Grace lançou o GoFundMe e o palestrante principal — que eu nunca tinha visto ou ouvido falar — colocou a foto dela e a página do site na tela principal, como um exemplo de que a idade não impede ninguém de agir e ajudar os outros. Pude compartilhar o resto da história dela: como sua campanha ganhou impulso e conseguiu o financiamento em um total de apenas 21 dias.

Vindo das Cinzas

Falamos muito sobre fracasso neste capítulo. A verdade é que ele é inevitável.

A outra verdade é que ele é absolutamente necessário — e precisa acontecer rápido.

Em outro evento que participei com Kevin, descobri o quanto ele falhou em sua carreira. A resposta pode te surpreender.

Você também ficará surpreso ao saber como isso foi fundamental para o sucesso dele.

CAPÍTULO SEIS

DO FRACASSO À FÊNIX

Kevin me ensinou que o fracasso é parte do processo. É algo que você deve abraçar. No entanto, ele não estabelece que você deve falhar de propósito. Ninguém jamais se propõe a falhar — muito menos Kevin.

Falhe Rápido... Mas Não de Propósito

Kevin quer falhar rápido, e gastando pouco. Não quer perder muito dinheiro quando falhar. Quer aprender com o erro, ajustar e pivotar. Embora ele não procure fazê-lo de propósito, aceita o fato de que o fracasso é, em grande parte, inevitável para qualquer tipo de empresário.

"Costumo ficar frustrado com empreendedores quando invisto na empresa deles, ou mesmo quando estou apenas os ajudando", disse Kevin, "e, em vez de avaliar duas vezes para cortar uma vez, eles avaliam 10, 15, 20 vezes. E então, nunca cortam. Nem agem. Eles pensam tanto que nunca agem."

"Percebi que a razão pela qual os empreendedores o fazem é devido ao fato de serem um grupo apaixonado. Acreditam que tiveram uma ótima ideia, e envolvem até o último fio de cabelo nela. Eles se identificam pessoalmente com o próprio produto ou empreendimento. Portanto, se um produto for um fracasso, eles se veem como um fracasso. Para muitos desses caras, o fracasso é difícil de engolir. Mas se desejam ser bem-sucedidos, precisam encontrar uma maneira de fazê-lo."

"Precisam pensar em si mesmos como uma fênix. Abraçar a ideia de renascer do fracasso mais fortes do que eram antes de falhar. A fênix é a ave mitológica que sempre renasce das cinzas de seu eu anterior. Em termos empresariais, as cinzas do eu anterior são o fracasso nos negócios."

"A fênix só fica mais forte quando a sua versão anterior morre. A sua versão anterior é a ideia, o sonho ou o desejo que você tem."

E se você falhar e renascer mais forte? Então, estará no mesmo caminho de Kevin Harrington e de muitos outros empreendedores extraordinários.

Fui a um evento em que Kevin era palestrante, pouco antes da época em que este livro foi escrito. Havia vários empresários promissores lá, e Kevin falou sobre sua incrível jornada. No final, os presentes fizeram as perguntas habituais. Eles queriam saber tudo sobre o AB Isolator do Tony Little e as facas Ginsu.

No entanto, após Kevin falar um pouco mais de uma hora, alguém na plateia finalmente fez uma pergunta diferente.

"Poderia falar sobre alguns dos seus fracassos?", a pessoa perguntou.

"Quer ouvir sobre os meus fracassos?", Kevin respondeu. "Você tem mais cinco horas?"

A plateia deu boas risadas. É verdade que Kevin teve vários sucessos que se tornaram parte de nosso vernáculo cultural — a Ginsu, a Gazelle e vários outros que são instantaneamente reconhecíveis para nós. O que não conhecemos são os milhares de produtos que fracassaram no caminho para nos fornecer os produtos que conhecemos e amamos. Vinte e um produtos de Kevin chegaram a mais de 100 milhões de dólares de lucro em vendas.

Mas isso entre os mais de 500 que ele lançou.

Chubby Checker Twist-A-Sizer

Enquanto o seminário continuava nessa linha de questionamento, alguém perguntou a Kevin:

"Qual foi o seu maior fracasso?"

Entra o Chubby Checker Twist-A-Sizer.

Para os jovens leitores, Chubby Checker é um músico que popularizou a mania da dança "twist", com seu cover da música de mesmo nome, nos anos 1960. Aproveitando ainda mais esse fenômeno cultural, Chubby vinculou seu nome a um produto de exercícios chamado Twist-A-Sizer. Em essência, era uma máquina que o permitia "fazer o twist e se mover" para perder peso.

"Gostei da ideia de investir centenas de milhares de dólares nisso", disse Kevin, "e fracassei totalmente. Perdi muito dinheiro. A moral da história é: se alguém vier ao seu escritório com um produto de perda de peso e seu nome for Chubby (gordinho), é melhor dizer não."

Isso é mais o ponto principal do que a moral real da história — embora seja realmente um bom conselho. O que é importante tirar daqui é que Kevin fracassou. Ele fracassou muitas vezes, e fracassou feio.

"Estou disposto a apostar", continuou Kevin, "que fracassei mais do que qualquer um nesta sala. Apesar de todo o sucesso que temos mencionado e comemorado, não apenas falhei mais do que todos aqui, como estou disposto a deixar registrado e dizer que falhei mais vezes do que qualquer um que você conheça."

Foi notável como o público se inclinou para ouvi-lo enquanto ele compartilhava essa história e esse sentimento. Claro, seus sucessos incríveis eram fascinantes para eles, mas poderiam parecer inatingíveis de muitas formas para a maioria. Naquele momento, ele se humanizou para a plateia e isso os deixou ainda mais atentos às lições que ele havia aprendido em sua jornada. Sua palestra já havia sido um golaço naquele ponto. Ele poderia facilmente deitar em seus louros e dar uma palestra que eles já haviam ouvido antes.

Em vez disso, ele apresentou uma verdade incrível — de que se alguém medisse o sucesso baseado na taxa de fracasso-sucesso, Kevin seria o maior fracassado da sala.

No entanto, ele ressurgiu mais forte a cada fracasso. Por isso, ele pôde ir "do zero ao milhão" em tantos desses produtos — por isso esteve apto a ter tantos sucessos de 100 milhões de dólares.

Aprendi trabalhando com Kevin que há três tipos de empreendedores: os que falham e desistem; os que falham, mas se esforçam e se recusam a aceitar o fracasso, esmerilhando-se em detrimento próprio; e os que aceitam que falharam, dão um passo atrás para entender o porquê e usam a informação para renascerem, melhores e mais fortes.

Kevin é, claramente, o terceiro tipo — mas eu precisava saber como ele conseguiu chegar nesse nível de adaptabilidade e resiliência, o que era, obviamente, muito incomum.

DE PAI PARA FILHO

"Lembre-se que eu disse que meu pai foi um herói da Segunda Guerra Mundial", Kevin me falou, "ele foi da Força Aérea. Voou literalmente 30 metros acima do chão e jogou bombas. Norte da África. Itália. Ele voou 165 missões. Na época, você tinha que fazer apenas 25 voos e ia para casa, porque a experiência pode lhe destruir como pessoa. A adrenalina constante causa estragos em qualquer um. Você sai com dez caras e volta com cinco, porque dois sucumbiram ao medo, alegando problemas no motor, e os outros três foram mortos em combate, porque oito homens estavam lutando contra quinze Messerschmitts."

"Então, ele cumpriu as suas 25 missões, mas permaneceu e foi abatido duas vezes. Ele voava tão perto do chão que um tiro de pistola atingiu o seu tanque de combustível. Mesmo assim, não desistiu. Viu que havia crianças entrando e sendo levadas para o ar de qualquer jeito. Então, ele e Tom Sutton, outro cara que ficou na Força Aérea com ele, permaneceram para treinar esses caras. Eles foram os primeiros treinadores do mundo a voarem o P-40. Meu pai nutriu tanta confiança em Tom que este insistiu para que ele se casasse com sua irmã quando voltaram para casa. Tom era meu tio Sut."

"A questão é que ele teve que aprender com cada missão, e aquelas em que fracassou, em particular aquelas em que foi atingido, foram as que mais lhe ensinaram. Quase todos sairiam depois das 25 missões, ainda mais depois de serem abatidos duas vezes no mesmo dia. Meu pai pegou essa informação e, não só aprendeu com ela, mas também passou esse conhecimento para os pilotos que vieram depois dele. E ele passou essa resiliência, essa adaptabilidade, para mim."

Lendo este livro, você e eu nos encontramos na posição privilegiada daqueles jovens pilotos, aprendendo com os melhores, enquanto Kevin passa para nós tudo o que aprendeu.

Mas como é de costume comigo, não aprendi a apreciar esse conhecimento de imediato.

Sem Elevador—Só Escadas

Quando comecei a trabalhar com Kevin, começamos juntos um empreendimento chamado Xponential Inc., no qual em vez de ter um produto de verdade, Kevin Harrington era o produto. Quer dizer, a sua marca seria o produto. Procuraríamos maneiras de alavancar sua marca para impactar exponencialmente as oportunidades e ideias dentro desse empreendimento. Por exemplo, as pessoas pagariam uma taxa e iriam a São Petersburgo para falar com Kevin sobre suas empresas e aprender com ele o *pitch* perfeito. Então, Kevin faria um depoimento em vídeo para elas. Aquele vídeo iria impactar exponencialmente seus negócios e provar-se muito lucrativo também. Ele foi criado para realizar sua ideia de multiplicação, impactando os negócios de outras pessoas que se encaixassem em sua marca.

Então ali estava eu — tinha acabado de fazer parceria com o Shark original do *Shark Tank*. Parece que tudo o que ele tocava virava ouro, e ele decidiu fazer negócios comigo. Eu ia me aposentar como um multizilionário simplesmente porque fizemos uma parceria. Certo?

Não de todo. Permanecemos na Xponential por cerca de três anos enquanto esse livro era escrito, e o ciclo foi semelhante ao de quase todos os outros negócios em que Kevin já esteve.

Isso quer dizer que as primeiras ideias que tivemos para a Xponential não deram certo. Elas não eram lucrativas. Claro, pensei que fosse eu — que eu era a mosca na sopa. *Tinha* que ser eu. Como poderia ser Kevin? Ele tinha o toque de Midas. A coisa toda começou muito mais devagar do que eu pensava.

Kevin não pensou isso.

"Para fazer nosso único grande sucesso", ele disse, "vamos ter que tentar dez coisas. Esse negócio não é diferente de nenhum dos outros em que estive. Quando encontrarmos aquilo que funciona, vamos duplicar e jogar lenha na fogueira."

É claro que não achei que fosse o caso. Eu tinha uma parceria com Kevin Harrington! Ele era mestre em todo esse "novo empreendimento comercial". Não precisamos de todas essas iterações. Pensei que ele tinha tudo planejado — e tinha.

Kevin entende perfeitamente que nem tudo fará sucesso e, consequentemente, você terá que se adaptar. O fato de o negócio não ter decolado não foi um choque para ele. Ele entende tanto disso que, no momento em que escrevíamos esse livro, tivemos o maior mês de receita da história da empresa.

Adaptamo-nos ao mercado e encontramos o nosso nicho nele. Estamos na iminência de coisas que estouram e realmente decolam.

E estamos na décima iteração da empresa. Ele é assustadoramente bom nisso.

Zig Ziglar disse uma vez:

"Não há elevador para o sucesso. Você tem que subir de escada."

A verdade desta declaração não se aplica somente a novos empresários — também se aplica a Kevin Harrington. Dizem que ele nunca pegou escada, mas eu estou aqui para te garantir que sim, especialmente em um novo empreendimento. O nosso negócio era novo, algo que ele nunca tinha feito antes, então não havia elevador para nenhum de nós. Não estávamos no espaço do infomercial, em que ele já tinha tração. Não estávamos no espaço físico do produto, em que já tínhamos grandes fogueiras acontecendo. Estávamos adotando produtos digitais e marketing por e-mail, um espaço que não havíamos explorado anteriormente. Podíamos emprestar muito pouco de nossos outros focos de fogueira para começar este. Em vez disso, tivemos que começar nosso próprio grupo para encontrar uma que queimasse mais.

Independente de você ser um novo empresário ou alguém com experiência no negócio, anime-se com essa noção. Empresários de sucesso não são bem-sucedidos o tempo todo. Quando me associei a Kevin, eu estava no elevador apertando todos os botões diferentes, na esperança de que eles me levassem direto ao topo. Era o equivalente a dizer que, só porque tenho uma camiseta para vender e o mercado de roupas é de 100 bilhões de dólares, terei sucesso instantâneo.

Seria como simplesmente apertar os botões e esperar que um deles me levasse à cobertura.

Nesse ínterim, Kevin já dera o primeiro passo na escada. Quando percebi que o elevador não ia a lugar algum, tive que sair dele e alcançar Kevin, que já estava na minha frente por alguns lances.

A Xponential foi um excelente estudo de caso em adaptação e isso porque Kevin, mais uma vez, aprendeu com os erros do seu passado a ressuscitar das cinzas.

O Ab Isolator

Vou arriscar um palpite de que muitos de vocês já ouviram falar de Tony Little e alguns de seus produtos de exercícios. Um de seus grandes sucessos foi o Ab Isolator. O que a maioria das pessoas não sabe é que, na primeira vez que o produto saiu, ele falhou.

"Não foi porque as pessoas não compraram", Kevin me contou. "Elas compraram. O problema foi quando receberam o produto e viram do que se tratava, literalmente, uma tira de náilon com uma pequena barra para os pés — e elas o devolveram. A taxa de retorno era alta porque o valor percebido que elas pagaram não correspondia ao produto que receberam."

"Agora, a maioria de nós vê isso como um fracasso direto. Diríamos a nós mesmos que um produto com esse tipo de taxa de retorno simplesmente não iria funcionar. Mas percebi que o problema não era a nossa capacidade de vender — era a nossa capacidade de corresponder à expectativa de valor do cliente."

"O que fizemos foi gravar vários treinamentos sobre o Ab Isolator — treinamentos de fitness para mostrar aos clientes como usá-lo para melhorar o abdômen. Na época, podíamos produzir CDs baratos, então criamos um conjunto de seis CDs que iam com o Ab Isolator. Mesmo que você não ache que o Isolator em si valia muito, os treinamentos cumpriram a expectativa de valor. Poderíamos ter encaixado todos os treinamentos em um CD, mas colocamos uma rotina de treino por CD, porque o custo era muito baixo e parecia ter ainda mais valor para o cliente."

"O Ab Isolator passou a fazer 350 milhões de dólares em vendas."

"Foi um fracasso total. E desastroso. O negócio foi construído para manter as taxas de retorno baixas, mas as nossas eram tão baixas que estávamos perdendo dinheiro a cada programa que fazíamos. Adaptamo-nos e pivotamos para aumentar o valor percebido e o negócio decolou, tornando-se um grande sucesso."

"Esse sucesso gerou sucesso. Por causa do que aconteceu com o Ab Isolator, Tony Little tornou-se sua própria marca. Isso nos permitiu lançar um pequeno produto chamado Gazelle, do qual você deve se lembrar."

"Lembro sim", eu disse.

"E deveria, porque com o sucesso do Isolator e da marca de Tony, a Gazelle fez 1 bilhão de dólares no mundo todo."

Meu queixo caiu.

Kevin teve o que foi, de todas as formas, uma falha catastrófica com o Ab Isolator. A pivotagem não só lhes rendeu um grande sucesso financeiro, mas permitiu que efetivamente transformassem Tony Little em um nome familiar, que se converteu em um mega sucesso com a Gazelle. Nada disso teria ocorrido sem aquele primeiro fracasso.

Uma fênix que ressurgiu das cinzas.

"O Que Isso possibilita?"

Pais superprotetores são um grande problema hoje. Não queremos que nossos filhos fracassem — nunca — e fazemos quase tudo para impedir que isso aconteça. Ao fazê-lo, estamos permitindo que eles subam o elevador até o topo, apenas para que descubram mais tarde que, no mundo real, não há elevador para o sucesso. Nós não deixamos que nossos filhos subam de escada, negligenciando o fato de que não estaremos aqui para levantá-los para sempre quando caírem ou para impedi-los de cair. Quando eles tiverem que subir as escadas sozinhos, suas pernas não terão força.

Eu digo "nós" porque também fiz isso.

Mas como abordamos a nossa vida familiar como um negócio de família, adaptamos a filosofia de Kevin para a nossa unidade. Minha esposa e eu agora queremos que nossos filhos experimentem o fracasso, porque é aí que está o crescimento — na luta.

A metáfora da borboleta é o melhor exemplo disso. Se você quebrar o casulo de uma borboleta, fará com que ela seja incapaz de voar para longe. Ela deve pressionar a crisálida para remover a gosma de suas asas e desenvolver a força necessária para voar. Quando assumimos o papel de pais superprotetores, estamos quebrando o casulo de nossos filhos e, em seguida, coçamos a cabeça perguntando por que eles não conseguem voar por conta própria, quando a resposta é tão dolorosamente óbvia.

Eu colocava Mary, minha filha mais velha, no elevador sempre que podia, abria o casulo sempre que possível. A filosofia da fênix de Kevin me fez perceber que eu a estava machucando — e não ajudando. Percebi claramente que havia pouco que ela pudesse fazer sem minha ajuda.

Lembro-me muito especificamente de uma época em que ela precisava da minha ajuda com um trabalho para a escola. No passado, eu a ajudava a fazer muitas pesquisas. Disse a mim mesmo que daquela vez seria diferente. Disse a ela que só iria ajudar com parte da digitação ou que me ofereceria para ler e editar depois que ela terminasse.

Dizer que ela ofereceu alguma resistência é gentileza. Quando coloquei a faixa amarela de "atenção" do lado de fora do elevador e o declarei fora de serviço, não foi um momento divertido entre Mary e papai. A transição para subir as escadas foi difícil.

Mas, cara, valeu a pena.

Mary precisava da minha ajuda cada vez menos. Ela só me pediu ajuda com ideias em seus brainstorms para seus trabalhos e, depois, ela estava pronta para o sucesso. Ao longo de alguns anos de luta — e o mais importante, fracassando — ela desenvolveu uma independência incrível. Quando estava no último ano do ensino médio, ela se inscreveu em 30 faculdades por conta própria — e foi aceita em todas.

Ela não era a aluna número um de sua turma. Ela não foi oradora, nem fez a saudação da turma. Ela apenas trabalhou duro e aprendeu com suas lutas e seus fracassos.

Tanto que ela se inscreveu e ganhou uma bolsa integral para a sua opção número 1 — no valor de 200 mil dólares. O que jamais teria acontecido se eu a mantivesse pegando o elevador.

Mary não foi a minha única fênix.

Meu filho Markus passou um ano se preparando para ir à China. Seu plano era estudar mandarim lá e treinar artes marciais. Ele teve que passar por uma série de obstáculos para consegui-lo, muitos criados por nós, que não queríamos facilitar para ele. Ele teve que progredir nas aulas, estudar um pouco de mandarim com antecedência e manter sua média de notas. Ele fez tudo isso — então pôde ir. Enquanto estava lá, ele se divertiu muito. Amou cada minuto.

Então ele fez algo — francamente — idiota.

Ele saiu com um grupo de rapazes e eles começaram a atirar pedras. Markus acabou quebrando os dedos e teve que ser levado ao hospital. Foi uma provação e tanto. Resultado: ele foi expulso da escola de artes marciais porque não podia mais participar.

Era nessa escola que ele estava estudando mandarim.

Todo o seu trabalho e esforços desabaram sob o peso de uma má decisão. Tive que voar para a China para trazê-lo de volta para casa.

Markus estava arrasado.

"Markus", eu disse, "isso é ruim. Sei que você está desapontado e de coração partido. Isso era tudo o que você queria, e estava se divertindo muito. Mas agora quero que você se pergunte: o que isso torna possível?"

Ele não podia voltar à escola nos EUA, porque o semestre já estava na metade. Com isso, ele tinha dois meses sem nada para fazer. Portanto, decidimos que o que esse incidente tornou possível foi que ele poderia viajar comigo em minhas viagens de negócios até o recomeço das aulas no outono.

Fomos à conferência Jeff Walker's Product Launch Formula, assim como à Ask Live, com Ryan Levesque. Voamos juntos para o Brasil, onde, pela primeira vez, ele teve que falar num palco — e comigo. Eu jamais havia falado no palco com algum dos meus filhos.

Todas essas conferências, todos esses eventos, acabaram mudando sua vida para sempre.

Ao viajar comigo, Markus teve a chance de conhecer todas essas pessoas extraordinárias; paixões foram despertadas dentro dele. Apaixonou-se pela ideia de se tornar empreendedor; apaixonou-se pela ideia de se tornar um piloto — tanto que se juntou à Força Aérea dos Estados Unidos. E mesmo enquanto estava na Força Aérea, ele se envolveu em atividades empreendedoras, aprendendo sobre o ramo de imóveis.

De longe, ele não é o mesmo garoto que era naquele momento na China. Tornou-se muito mais disciplinado e responsável, especialmente porque ligou a perda daquela oportunidade na China à falta de ambas as qualidades.

Com razão, Markus diria que aquele incidente foi uma de suas maiores falhas.

Ele poderia ter ficado se arrastando pela casa, sentado em seu quarto por dois meses. Em vez disso, como instigamos nele as lições que aprendi com Kevin sobre o fracasso, aqueles dois meses se transformaram em uma oportunidade intensa e incrível. Aquilo mudou a sua visão de mundo, dando-lhe a chance de ver ainda mais. Ele até viajou comigo durante o seu último ano e perdeu 36 dias do ano escolar — e valeu a pena perder cada um deles, pelo que ele ganhou.

Quando olhou para trás, ele me disse:

"Olha o que eu poderia ter perdido se não tivesse falhado. Olha o que eu fiz a seguir como resultado do meu fracasso. Olha o que ele tornou possível."

Pais não têm maiores momentos de orgulho do que esses — e eu tenho que agradecer a Kevin por isso.

Também tenho que agradecer a Kevin por me ensinar um novo tipo de matemática quando se trata de sucesso — tanto nos negócios quanto em família.

Ele me ensinou como parar de somar e começar a multiplicar. Vou explicar como no próximo capítulo.

CAPÍTULO SETE

MULTIPLIQUE SEUS ESFORÇOS

A melhor imagem que posso dar para ajudá-lo a entender o extraordinário pensamento exponencial de Kevin é esta:

O cara não tem símbolo de mais em nenhuma calculadora em sua casa. Ele só pensa e trabalha em termos de multiplicação.

Posso sentar e falar sobre Kevin por 30 minutos ou mais e nenhuma afirmação ressoará como essa. Para Kevin, se algo — independente do que esse "algo" seja — não se multiplicar, ele não está interessado.

Quando você ajusta a sua mente a esta forma de pensamento e olha para um mar de oportunidades e empreendimentos, não consegue mais vê-lo em um sentido linear. Você não olha para eles de uma forma aditiva. A multiplicação diz respeito ao crescimento exponencial e se você conseguir modificar seu cérebro para pensar exponencialmente, irá se destacar de um amplo contingente de empreendedores. O pensamento exponencial separa os bons dos ótimos.

Sempre ouvimos que os gênios veem o mundo de uma forma diferente dos outros. Considere os primeiros usuários da web e o que eles fizeram com o comércio eletrônico e os mecanismos de pesquisa. Quando olharam para o mundo, viram-no da forma como vemos hoje.

Os gênios empreendedores — gênios como Kevin — olham para isso como um chamado na vida para se multiplicar. Kevin não quer apenas multiplicar seus empreendimentos comerciais. Ele quer multiplicar seus relacionamentos. Quer multiplicar o seu tempo. Dois viram quatro, que viram oito e por aí vai. Ele sempre procura as oportunidades multiplicadas por cem, porque as oportunidades multiplicadas por dez podem ser alcançadas linearmente. Os resultados multiplicados por cem podem levar uma vida para serem alcançados, se você pensar somente em termos de adição. Se você multiplicar, o cem é, simplesmente, dez vezes dez.

Para reforçar essa ideia, Kevin me contou como começou sua rede de pequenas empresas.

"Eu estava apresentando às pessoas as oportunidades de franquias", ele disse. "Se elas escolhessem se envolver com aquela franquia, eu recebia uma comissão. Era ótimo, mas era um modelo linear, porque tudo era feito com uma pessoa por vez. Tive que começar a pensar exponencialmente."

"Disse a mim mesmo: *Espere. Estou gastando esse tempo todo fazendo um* pitch *e, em seguida, a franquia muda e faz a mesma coisa quando eu conecto o cliente em potencial a eles. E se pudéssemos fazer isso muito bem uma vez e, em seguida, acessar algum tipo de rede nacional que fizesse a distribuição exponencialmente?*"

Foi desse tipo de pergunta que nasceu o infomercial. Surgiu do desejo de Kevin de sair dos resultados lineares e ir para os exponenciais.

Ele tinha ótimos resultados com um comprador por vez. A franquia também. Ninguém estava infeliz. Quando a venda ocorria, era boa — mas se o franqueado tivesse que fazer apenas uma apresentação realmente ótima, essas vendas acelerariam exponencialmente.

É aí que entram Arnold Morris e as facas Ginsu.

"Eu estava no Philly Home Show quando vi Arnold cortando uma lata de Coca-Cola com uma de suas facas", Kevin me contou. "Eu ia aos programas de produtos para casa, produtos de hardware e de fitness. Isso veio da orientação de meu pai. Apesar de ele ter o seu restaurante e trabalhar 80 horas por semana, também tinha suas atividades paralelas, porque dizia que é em algumas delas que você vai encontrar exatamente o que quer para si."

"Então, no programa, vi Arnold fazendo essa apresentação de 18 minutos para um público reunido em torno da mesa, cerca de quinze a vinte pessoas, no máximo. Devo mencionar que sua taxa de fechamento para esse grupo foi muito boa — mas quando aquelas quinze pessoas saíam, adivinha? Ele tinha que fazer com que outro grupo se reunisse, para apresentar de novo."

"O lado positivo disso foi que ele aperfeiçoou absolutamente a sua apresentação. Mas foi tudo linear. Então eu disse: e se eu filmasse uma vez e colocasse em um sistema de distribuição exponencial? As pessoas reagiriam da mesma forma que aquelas quinze pessoas em torno de seu estande?"

"Apresentei a ideia a Arnold e ele concordou. O problema é que eu não tinha muito dinheiro na época. Tive que descobrir uma maneira de filmar que fosse acessível, mas que ainda parecesse boa. Acabamos filmando no fundo de uma mercearia, porque eles tinham uma área com facas, o que nos deu a estética e a aparência de que precisávamos. Contratei uma equipe de filmagem com um orçamento de 2 mil dólares."

"Arnold mandou bem na primeira tomada. Ele já havia feito essa apresentação milhares e milhares de vezes. Foi curto e grosso. Mesmo assim, sempre gostei de ter várias filmagens dessas apresentações, para o caso de as pessoas descobrirem uma maneira melhor de se expressarem na segunda ou terceira tentativa. Fizemos outra vez e Arnold repetiu a sua primeira tentativa, até as palavras e gestos. Nesse momento, eu disse: 'Sim, terminamos. Está ótimo'."

"Sabe aquela apresentação em que Arnold ganhava dinheiro de quinze pessoas ao mesmo tempo em feiras estaduais e de negócios? Que filmamos nos fundos de uma mercearia por 2 mil dólares? Aquele discurso chegou a 500 milhões em vendas."

A história de Arnold Morris me surpreende até hoje. Esse é o principal exemplo do pensamento exponencial. Lá estava um homem vendendo o seu **widget** ou produto para solução de problemas para quantas pessoas pudesse reunir em torno da sua mesa e, de repente, vendia para o mundo. O melhor de tudo é que a *mesma* quantia de esforços que foi gasta para vender para quinze pessoas, foi gasta para gerar 500 milhões de dólares em vendas — exatamente a mesma apresentação. Nada mudou. Foi simplesmente gravado e distribuído exponencialmente.

Arnold talvez jamais tivesse esse tipo de impacto se continuasse em sua trajetória linear. Ele passou décadas no circuito das feiras estaduais e ficava longe de casa 40 semanas por ano. Essa era a sua vida. Foi preciso Kevin, um visionário da multiplicação e um pensador exponencial, para tirar Arnold daquela roda de hamster.

"É Quem—E Não Como"

Dan Sullivan é um coach renomado, que tem um ditado: "É quem — e não como".

Pensadores exponenciais não pensam em termos de como — pensam em termos de quem. Posso afirmar isso perguntando: dos mais de 500 produtos que Kevin lançou ao longo da vida, você sabe quantos ele criou sozinho?

Eu te conto — nenhum.

O único que ele realmente criou sozinho foi um estouro. Nesse sentido, ele é o exemplo máximo do "quem, não como", porque ele não procura pelo "como".

Não procura *como* resolver um problema — ele encontra *quem* já o resolveu. Em seguida, multiplica sua resolução de problemas com sua capacidade de pensar e distribuir exponencialmente. Foi assim que quase todo o seu sucesso foi alcançado.

Qualquer pessoa pode crescer linearmente. Para tal, pode se tornar mais eficiente. Pode economizar alguns minutos de uma tarefa aqui, algumas horas ali — mas estes são resultados lineares. Tudo isso se soma ao que *uma* pessoa pode fazer. Para multiplicar, você deve trazer outras pessoas ou variáveis para a equação. Muitos empresários acreditam que não podem multiplicar seus esforços porque estão sozinhos — e, de certa forma, estão certos. É difícil fazê-lo por conta própria. Kevin me ensinaria mais tarde sobre como você pode trazer outras pessoas para o rebanho — e eu vou compartilhar com você também.

O primeiro passo, no entanto, é se livrar dos sinais de adição em sua vida e aprender a ver os sinais de multiplicação.

Em outra de nossas viagens juntos, Kevin me contou uma história fantástica sobre seu trabalho com um desenvolvedor de apps que queria ter um milhão de downloads.

"StarShop foi uma ideia que tive", disse Kevin, "na qual colocaríamos um app em um celular e atrairíamos celebridades para venderem seus produtos. Kim Kardashian, 50 Cent, você escolhe."

"Era um aplicativo de celular, o que significa que tínhamos que colocá-lo em celulares. A maneira tradicional de fazer as pessoas baixarem um aplicativo é comercializá-lo — para tornar os clientes cientes disso. Mas há uma longa estrada até um milhão de downloads. Ocorreu-me que a maneira de multiplicar os nossos esforços rapidamente era ir a uma das empresas de telefonia móvel e fazer parceria com ela para que *incluíssem* o aplicativo em todos os seus telefones."

"Consegui uma reunião com Marcelo Claure, na Sprint, e apresentei a ideia para ele. Disse-lhe que ele vendia um milhão de celulares no mês e, se incluísse o nosso app lá, lhe daríamos uma participação, junto com uma porcentagem de todas as vendas e isso não lhe custaria nada. Ele teria todas essas celebridades dizendo a seus fãs para acessarem aquele aplicativo."

"Foi uma reunião de 20 minutos. Ao final daqueles 20 minutos, ele, literalmente, pulou de sua cadeira e disse: 'É uma ideia incrível. Eu amei'."

"Foi como quando percebi o espaço não utilizado na grade da Discovery. Procuro todos esses espaços vazios em meu telefone somente esperando para serem preenchidos com apps. Agora, em vez de toda aquela longa rota de fazer propaganda dos apps no Facebook, no YouTube e na rede do momento, temos o app pré-instalado em milhões de telefones. Demorou alguns meses para concluirmos o negócio, mas quando o fechamos, a Sprint lançou o StarShop em 6 milhões de aparelhos."

Percebi paralelos com a história de Arnold de imediato. Arnold não teve que mudar o que estava vendendo para conseguir 500 milhões de dólares. A empresa do app não precisou fazer nada diferente com o aplicativo. Ele levou os dois de um modelo de negócios linear para um exponencial. Ele mudou a mentalidade deles de vender para uma pessoa por vez para a mentalidade de multiplicar seus esforços com o mesmo produto.

E ele fez isso alavancando o tempo, os recursos e as informações de outras pessoas.

Transformacional—Não Transacional

O segredo do sucesso de Kevin é a noção que discuti mais cedo neste livro — a relação em que todos saem ganhando. Kevin não estabelece relações transacionais, porque normalmente são um negócio único. Você pode ter várias relações transacionais. O fato de serem únicas não significa que não possam ser benéficas — mas elas não foram definidas para multiplicar. São lineares.

Kevin cria relações *transformacionais*, aquelas que são escalonáveis ao infinito, desde que cada parte queira permanecer nelas. Um relacionamento transformacional é exponencial — é quando todas as partes envolvidas usam o seu pensamento cem vezes, no qual todos os lados podem dizer: "Este negócio é uma vitória para mim".

Ele faz isso ao colocar muita energia em um acordo justo, e não em um acordo generoso ou em um acordo de "shark". Um acordo generoso é aquele que ele faz com você porque lhe aprecia, mas conforme o tempo passa e você começa a crescer, descobre que não foi um investimento dele em seu negócio — foi uma transação generosa, e ele não está mais lá para ajudá-lo como um ato de generosidade — daquela vez.

Meu filho gosta de motocicletas. Se ele comprar uma e conseguir um bom negócio, voltará para casa, falará sobre isso comigo e celebraremos sua boa sorte. Mas se o cara que vendeu aquela motocicleta tem outro cliente que lhe diz: "Eu teria pagado mil dólares a mais por aquela moto", como você acha que ele se sentirá em relação a esse negócio? Meu filho Markus sentirá que ganhou na loteria — já o homem que lhe vendeu a motocicleta, como se tivesse sido passado para trás. Se Markus voltar para o mesmo homem para comprar outra motocicleta, a chance de ele ficar animado para lhe trazer outro excelente negócio é quase nula.

Empreendedores passam a vida procurando o melhor acordo, que é uma mudança transacional — e isso pode ser ótimo, desde que entendam que são situações únicas e não escalonáveis.

A generosidade não é escalonável. Ter o melhor de alguém não é escalonável. É preciso alguém que seja realmente um pensador exponencial — alguém como Kevin — para entender e ver que se eles ganharem muito com esse negócio, a pessoa do outro lado não vai querer fazer esse negócio com eles novamente quando crescer. Isso acontece o tempo todo. A maioria das parcerias, muitas *joint ventures*, desfazem-se porque uma parte ou outra vê que um lado está ganhando muito mais do que o outro. É quando o negócio termina. Já dissemos isso antes — é por isso que muitas empresas não conseguem ultrapassar os 10 milhões de dólares — porque estruturam acordos iniciais que não são escaláveis. No pior dos casos, um parceiro processa o outro porque não fizeram um acordo justo.

Poucos negócios transformacionais ganham um "toca aqui", em que ambas as partes estão incrivelmente felizes com o acordo — como dissemos, em que todos saem ganhando. Isso é importante saber e lembrar. Este é o caso, porque cada parte envolvida tem que desistir daquele lado da natureza humana que quer o melhor negócio para si. Você simplesmente não pode obter o melhor negócio para ambos e ter um acordo transformacional e escalável.

Não Pesque Em Seu Próprio Lago

"É difícil multiplicar em nosso próprio ecossistema", Kevin disse, "mas muitas pessoas tendem a pescar no próprio lago de onde vieram. Por exemplo, Arnold Morris poderia ter colaborado com outras pessoas que vendiam como ele vendia. O que significaria para ele mais dez semanas do ano na estrada, porque aquelas pessoas teriam mencionado mais programas aos quais ele poderia ir, programas melhores, ou coisa que o valha."

"E, veja, as vendas dele poderiam aumentar — mas linearmente. Você tem que sair do seu próprio ecossistema para estar apto a pensar e crescer exponencialmente. Precisamos de diversidade para criatividade. É por isso que leio tantos jornais e revistas especializadas. Mesmo assim, muitos de nós vamos contra essa tendência. Escutamos apenas uma estação de notícias. Lemos apenas um jornal. Checamos apenas um app. Permitimo-nos ser criaturas de hábitos."

"Faço o oposto. Os jornais e artigos que leio vêm de muitas plataformas. Se alguém está na minha casa, geralmente deixo uma estação de notícias ligada em volume baixo ao fundo, fornecendo-me informações. Faço perguntas a todos que encontro, como quando procuramos hologramas. Meu ecossistema não tinha as respostas de que precisava, então tive que sair dele. Tive que colaborar com outras pessoas de fora do meu ramo de negócios."

"Agora, isso não quer dizer que você não possa crescer dentro do seu ecossistema. Existem pessoas em seu ramo fazendo coisas melhores do que você? Claro! Você pode crescer incrementalmente? Certamente. Isso acontece por meio da eficiência. Acontece vendendo ou fazendo mais com menos tempo ou menos recursos. Existem empresas que se baseiam nesse tipo de melhoria linear e isso funciona para elas. Mas o melhor que você pode fazer dentro de seu próprio sistema é crescer até dez vezes."

"Eu quero cem vezes. Quero saber o que as *outras* empresas, pessoas e empresários estão fazendo. Por exemplo, sou um grande defensor dos *masterminds*, porque eles fazem a curadoria de pessoas que querem crescer e ter sucesso, mas que têm experiências diversas, muitas vezes de diferentes setores. Existem *masterminds* muito especializados, mas esses são para pessoas que querem melhorar dentro do seu próprio ramo. Eu procuro *masterminds* mais amplos em escopo."

Este conceito encontra eco em mim, porque antes de conhecer Kevin eu era do tipo que pescava no próprio lago. Certamente, eu não estava participando do *masterminds*. Na verdade, o exato oposto é verdadeiro. Como resultado, tenho sido mais prontamente capaz de aproveitar o tempo, os recursos e as informações de outras pessoas em meu próprio benefício.

Um exemplo perfeito? Este livro.

Este livro não teria sido publicado se eu não tivesse mudado o pensamento de linear para exponencial. Tinha uma visão muito linear de como os livros eram feitos. A criação e produção deste livro é o exemplo final de investimento em relacionamento e redes. Como resultado da participação no *masterminds*, Kevin e eu estávamos nos multiplicando por meio de aproveitamento. O acordo de publicação surgiu de relacionamentos que havíamos formado fora de nosso setor. Não conhecíamos o meio dos livros. Contamos com pessoas de fora do nosso ecossistema para nos dizer como fazê-lo, pois aqueles dentro do nosso ecossistema só sabiam como atingir um determinado tamanho de público com seus livros. Queríamos cem vezes esse número.

Confiança é um fator enorme quando se trata de estabelecer estas relações. Encontramos nosso editor por meio de redes, mas só trabalharíamos com pessoas nas quais pudéssemos confiar, com base nas recomendações de quem conhecíamos bem.

"Quando olho para trás", Kevin disse, "alguns dos meus acordos de maior sucesso foram realizados cara a cara e com um aperto de mãos. Um contrato é um pedaço de papel que responsabiliza as pessoas porque é um elemento de litígio. Não tem nada a ver com confiança. Na maioria das vezes, os negócios mais escaláveis da minha vida foram baseados na confiança. As coisas mudam. A vida muda. O mercado muda. Se você confia na pessoa, tem possibilidades ilimitadas. Se todo o seu acordo é baseado em um pedaço de papel porque você não confia nela, não há escalabilidade ali. Não há multiplicação. Aquele é um acordo linear. Não há nada transformador acontecendo."

Só Podem Ser os Sapatos

Lembra da Grace e seu projeto dos sapatos? Ela veio até mim em dado momento e disse: "Papai, como faço para colocar minhas caixas de sapatos em mais locais?", já que só tinha uma caixa em um local naquele momento. Então, a incentivei a pensar exponencialmente.

"A sua tropa escoteira não é uma tropa do condado?", perguntei.

"Sim", ela respondeu.

"E não há outras escolas no condado?", perguntei.

"Sim", ela respondeu.

"Então, a questão é quem, e não como", eu disse. "E se você entrasse em contato com todos os diretores de todas as escolas de seu condado e explicasse o que você faz aqui com o seu projeto?"

Ela o fez, mas só teve resultados em cerca de metade das escolas. Alguns diretores do condado nunca retornaram os seus e-mails — mas Grace não se deixou intimidar. Ela passou por cima dos diretores e foi direto para o "quem", ou seja, para os superintendentes — o que foi incrivelmente efetivo. Os superintendentes não só retornaram seus e-mails e a colocaram nas escolas que não responderam, como também colocaram suas caixas de sapato em todo o sistema escolar.

Era Arnold Morris novamente.

O pensamento inicial dela era "como faço para trazer mais crianças para a escola em que estou de modo a conseguir mais sapatos?" — mas quando pensou exponencialmente, percebeu que a resposta era colocar as caixas em mais locais. Mesmo produto e conceito — apenas multiplicando os locais e o número de alunos.

Ela foi ainda mais longe.

Em certo momento, tive uma reunião com o presidente da TOMS Shoes, uma empresa de calçados de 500 milhões de dólares que doa um par de sapatos a cada par vendido. Consegui entrar em contato com ele e colocar Grace ao telefone para falar com a equipe que lidava com o lado beneficente do negócio. Eles a treinaram e ensinaram como ela poderia conseguir os sapatos dos quais precisava para ir à África. De novo — quem, não como.

No caso da Grace, seu ecossistema era a sua família, mas a sua família não conseguia mais locais de coletas nas escolas. Ela teve que pescar fora do seu lago para isso. Ela teve que perguntar *quem* poderia fazer isso acontecer, não *como* ela podia fazer acontecer. O como teria sido linear. Ela estava no controle de como poderia conseguir mais sapatos na escola que já frequentava, mas essa era a maneira empreendedora linear de pensar — "Como posso vender mais para as pessoas a quem já estou vendendo?" — versus "Como faço para duplicar em muitos lugares o que já está funcionando em um?"

Minha filha Mary tem um negócio de petauros-do-açúcar, que começou quando adquiriu um como seu animal de estimação. Um petauro-do-açúcar é um marsupial muito pequeno, semelhante a um esquilo voador. Eles são animais de estimação muito populares na comunidade de pessoas que os conhecem. Após apaixonar-se pelo seu, Mary arrumou um segundo. Os dois cruzaram e tiveram um filhote, que ela vendeu por 500 dólares. Mary tem espírito empreendedor, e então desenvolveu uma relação com a principal criadora de petauros-do-açúcar do estado de Indiana. Quando viu que aquela jovem moça queria ter seu próprio negócio, a criadora passou a orientá-la.

De muitas formas, Mary seria uma concorrente dessa mulher — mesmo assim, ela viu potencial na minha filha e a orientou. Mary comprou mais alguns casais de petauros dela. Pouco depois, a mulher decidiu se aposentar e Mary estava em posição de comprar o negócio. Ela o fez e se tornou a maior criadora de petauros-do-açúcar do estado.

Se ela tivesse simplesmente decidido adquirir um casal aqui, outro ali e criá-los, estou certo de que seu negócio cresceria linearmente. Ao procurar a maior criadora do estado e desenvolver esse relacionamento e essa confiança — estabelecendo uma relação em que todos ganharam e fechando um acordo justo — ela multiplicou significativamente o seu sucesso.

Desenvolver relacionamentos como este — baseados na confiança — ajuda muito a construir o que Kevin gosta de chamar de "equipe dos sonhos". Essa é uma expressão que todos já ouvimos, mas logo eu saberia que Kevin tem uma visão única sobre o que ela significa exatamente para ele.

CAPÍTULO OITO

MONTE A SUA EQUIPE DOS SONHOS

Eu ousaria dizer que a noção de "equipe dos sonhos" talvez seja uma das coisas mais importantes que aprendi com Kevin. Quando ele descobriu este conceito, nunca mais o largou. Seu objetivo agora é sempre montar uma equipe dos sonhos em torno de cada empreendimento com o qual está envolvido.

A ideia de equipe dos sonhos não é nova. Todo mundo já ouviu, todo mundo diz querer uma e ninguém precisa ser convencido de que precisa de uma. No entanto, invariavelmente, você obtém a mesma resposta dos empreendedores quando chega a hora de montar a sua equipe dos sonhos:

"Não posso pagar. Só posso contratar ou trazer para a minha equipe aqueles que posso pagar."

Portanto, eles se comprometem, acrescentando à equipe apenas aqueles cujos salários pode administrar. Ao fazê-lo, também comprometem toda a ideia de uma equipe dos sonhos — ou nem a compõem — e tudo por causa de sua crença limitadora.

Este é o cerne do que aprendi com Kevin: a única coisa que o impede de ter uma equipe dos sonhos é você mesmo.

Se você tem um financiamento incrível no seu negócio — fez uma oferta pública inicial de ações e tem fluxo de caixa — então pode montar a equipe dos sonhos facilmente, certo? Este é o pensamento mais comum entre os empresários — que ter um orçamento ilimitado é a única forma de consegui-la.

Estou aqui para dizer que você está errado — e sei disso porque Kevin me mostrou.

Vi Kevin montar equipes dos sonhos muitas vezes, e, na maioria dos casos, sem lhes pagar *nada*. Ele foi capaz de convencê-los sobre a ideia do empreendimento e de seu potencial, e as pessoas estavam dispostas a embarcar e participar.

Kevin me disse que, para ser capaz de fazê-lo, uma série de coisas precisa acontecer.

"Primeiro", ele disse, "você deve estar aberto e disposto a *não* ser dono de 100% do empreendimento. A última vez que conferi, 100% de zero é zero. Muitos empreendedores lutam tanto para manter essa ideia de empreendimento próprio, mas ela nunca vai a lugar algum. No final das contas, eles mantinham o controle total e o multiplicavam, e então o empreendimento acabava. No meu caso, fico feliz em montar uma equipe com a qual compartilho o patrimônio ou a receita, de forma a compartilhar o sucesso do empreendimento, permitindo que outras pessoas ganhem dinheiro também."

A história de Arnold Morris é o principal exemplo dessa linha de pensamento.

Quando Arnold se tornou a superestrela dos infomerciais, Kevin o convidou para fazer parte da sua equipe dos sonhos pessoal. Arnold, que teve essa experiência incrível com Kevin, seria a testemunha ideal para compartilhá-la com pessoas como ele. Dessa forma, toda vez que Arnold entrava no circuito de vendas e alguém o procurava com um produto próprio em potencial para infomercial, ele recomendava todos a Kevin.

Kevin não pagava um salário para que ele fosse parte daquela equipe. Em vez disso, falou para Arnold: "Você me apresenta a alguém e, se fecharmos o negócio, ficará com uma porcentagem das vendas."

Como você pode imaginar, não levou muito tempo para Arnold lucrar mais levando referências a Kevin do que algum dia havia lucrado com o seu programa das facas Ginsu. Na verdade, é possível dizer que Arnold Morris foi o responsável por mais de 1 bilhão de dólares que Kevin arrecadou durante a vida dele — novamente, muito mais do que ele lucrou com as facas.

Tudo isso porque Arnold era parte da equipe dos sonhos.

"Eu disse a Arnold", Kevin falou, "que estávamos fazendo boas coisas juntos. Que, provavelmente, ele conhecia mais pessoas como ele por aí. Se acreditasse que estávamos fazendo um bom trabalho e se acreditasse no que estávamos fazendo, então gostaria que estivesse a bordo da nossa equipe dos sonhos e começasse a fazer apresentações."

"Chegou um momento, no apogeu disso tudo, em que as facas Ginsu meio que seguiram seu curso e eu paguei a Arnold milhões e milhões de dólares em taxas de referência. Os anos se passaram e a saúde de Arnold começou a piorar, a ponto de ele estar em seu leito de morte, literalmente, quando recebi um telefonema de sua esposa."

"Ela disse: 'Kevin, desculpe incomodar. Sei que está ocupado, mas o Arnold pode ter um momento de sua atenção?'"

"Ali eu pensei, OK, ele está morrendo. Está prestes a ir embora. Está morrendo e só quer se despedir. Então, começo a me preparar para esta última conversa. Claro que disse que sim e ela colocou o telefone no ouvido de Arnold. Houve uma pausa. Então, ouvi a voz fraca e trêmula de Arnold do outro lado da linha."

"Ele disse: 'Kevin, tenho um último negócio para você. Este será campeão.'"

Consegue imaginar isso?

Foi a última conversa de Kevin com o homem. Ele morreu alguns dias depois. Da primeira reunião entre eles até seu último suspiro, aquele cara estava fechando negócios com Kevin. Ele amou tanto fazer parte daquela equipe dos sonhos que jamais parou de procurar o próximo grande negócio, porque sabia que aquilo era algo especial para *todos* eles.

Quando os infomerciais de Kevin realmente decolaram, ele reuniu outra equipe de pessoas. Um dos clientes com quem trabalhava tinha um produto que era um grande sucesso, tanto que sua parte no negócio era de mais de 1 milhão de dólares por mês. O contador de Kevin não aceitou. Disse que não havia como pagar tanto dinheiro ao homem. Lembre-se, isso foi há mais de 30 anos — na época, 1 milhão de dólares era pelo menos 5 milhões de dólares de hoje. O contador disse a Kevin que ele estava fazendo todo o trabalho e que tudo o que esse homem fizera foi o *pitch*. Kevin estava pagando toda a mídia e assumindo todos os riscos. Na mente do contador, não seria um negócio responsável entregar aquele milhão.

Kevin disse ao contador para pagar o homem.

"Eu lhe disse", Kevin contou, "que não apenas daríamos a esse homem 1 milhão de dólares, como eu iria voar até ele e entregá-lo eu mesmo."

Assim, meus amigos, é como se inspira lealdade. É assim que se constrói uma equipe dos sonhos duradoura. É assim que se obtém a reputação de cuidar do seu pessoal.

Agora? As pessoas clamam por fazer parte da equipe dos sonhos de Kevin.

Não Contrate Quem Você Pode Pagar

Há milhares de formas de se contratar alguém e apenas uma delas é pagar um salário. Pode haver participação nos lucros combinada com salário. Você pode oferecer porcentagens da receita ou do patrimônio. Muitas pessoas por aí têm a convicção limitada de que só podem contratar quem podem pagar e isso não é verdade. Isso impede que muitos empreendedores atinjam todo o seu potencial. Se estou escalando um negócio, prefiro ter um diretor financeiro de 100 milhões de dólares a 10 horas por semana do que um diretor financeiro de 1 milhão de dólares a 60 horas por semana.

Quando digo "um diretor financeiro de 1 milhão de dólares", quero dizer um que gerenciou 1 milhão de dólares. O diretor financeiro que gerenciou 1 milhão de dólares *nunca* vai me dar 100 milhões de dólares. Nunca. Agora, posso ser capaz de pagar o mesmo salário a um diretor financeiro que pode levar minha empresa a 100 milhões de dólares, mas só posso tê-lo 10 horas por semana. Tudo bem, porque ele pode me levar aonde eu preciso ir. O diretor financeiro de 1 milhão de dólares pode trabalhar um número ilimitado de horas, mas são grandes as chances de ele não me levar aonde eu preciso ir. Falta-lhe sabedoria, experiência, relações e know-how para me ajudar a crescer em escala.

Kevin sabia disso. Ele compreendia, porque percebeu isso cedo em sua carreira. Ele me contou como, em outra de nossas viagens.

"Envolvi-me em um produto de beleza", Kevin disse, "um que tinha a chance de ser *enorme* — mas eu precisava levantar uma quantia alta de dinheiro. É claro, quando você está levantando dinheiro, as pessoas querem saber se você tem a liderança certa no lugar, para que não percam seus ativos. A L'Oréal era uma das empresas de produtos de beleza mais conhecidas na época — e eu realmente conheci o presidente da L'Oréal da América do Norte através de um amigo."

"Consegui entrar em contato com ele e falei sobre o negócio. Ele me disse que queria muito dinheiro para entrar nesse negócio. Disse-lhe: 'OK, é o seguinte: preciso levantar 10 milhões de dólares no total e não tenho. Acho que podemos conseguir essa quantia rapidamente e, assim que o fizermos, você será bem recompensado.'"

"Acredite ou não, ele pulou na oportunidade. Acreditou no conceito e sabia que eu não o estava desvalorizando porque o que a maioria das pessoas faria ao receber esse tipo de resposta? Eles negociariam, certo? Diriam: 'Não tenho todo o dinheiro. Você aceita menos? Vai levar alguma coisa?'"

"Em vez disso, eu lhe disse que ele valeria cada centavo do dinheiro que desejava. Eu queria que ele soubesse que, na verdade, ele valia mais, mas, se ele me ajudasse a levantar aqueles 10 milhões de dólares, seu dinheiro estaria lá. Isso o deixou animado, mas também garantiu que fizesse o trabalho que precisávamos que fosse feito. Ele ficou tão animado com o acordo que acabou trazendo o antigo diretor financeiro da L'Oréal da América do Norte com ele."

"Estruturamos um acordo separado para ele. Portanto, estávamos levantando dinheiro com o ex-presidente e o ex-diretor financeiro da L'Oréal da América do Norte. Conseguimos o dinheiro e eu nunca tive que pagar um centavo a ele até que o trabalho estivesse concluído. Era a equipe dos sonhos máxima. Sem eles, havia uma chance maior do que a média de nunca termos levantado aquele dinheiro."

Kevin havia contratado quem ele podia pagar na época? Ele poderia ter conseguido o gerente de *front office* na sede da L'Oréal — talvez o contador. Não quero que isso seja um insulto, mas ele poderia pagá-lo. Mas, por ser criativo, ele montou sua equipe dos sonhos, conseguiu o financiamento de que precisava e pagou o que eles queriam. Nem um centavo foi gasto até que cumprissem seus objetivos em comum.

A verdade é que a maioria dos empreendedores são *bootstrappers*[1].

Se você tem 1 milhão de dólares para abrir um negócio, já teve algum sucesso, já teve alguns fracassos e sabe a diferença entre os dois. Como tal, tem alguma ideia de como escalar.

O empreendedor *bootstrap* fica preso na mentalidade de fazer tudo com pouco dinheiro, de modo que, quando chega a hora de montar uma equipe, tenta montá-la da forma mais barata possível. Ninguém lhes ensinou a lição que diz que eles devem ter quem não podem pagar — é melhor montar a sua equipe dos sonhos e ser criativo para criar uma situação em que todos ganhem.

O caminho mais seguro para *não* crescer? Contrate somente quem você pode pagar.

Se você contratar de olho onde *está*, em vez de aonde está *indo*, *nunca* alcançará o seu potencial. O que acaba acontecendo, quando percebe que fez tudo errado, é ver que gastou uma grande quantidade de dinheiro para chegar ao primeiro milhão de dólares — e gastou com as pessoas erradas. Quando entender que aquelas pessoas não podem levá-lo aos 10 milhões de dólares, saberá que precisa mudá-las e essa proposta se torna cara. E aí começa o drama. Antes que perceba, a empresa perdeu seu ímpeto e está com dificuldades.

Por isso, é muito mais fácil conseguir 1 milhão de dólares do que 10 milhões. Empresários de 1 milhão de dólares contratam equipes de 1 milhão. Parece simplificado demais, mas é verdade. Kevin fez isso várias vezes, com a L'Oréal sendo um dos seus melhores exemplos.

E isso mudou radicalmente a forma como eu pensava em construir *minhas* equipes.

---

[1] *bootstrappers* - Empreendedores que contam com seus próprios recursos para realizar um empreendimento.

Desista dos Pontos

Eu não penso mais em termos de divisão de salários. Trabalho muito para dividir os lucros. Minha mentalidade em relação à propriedade é completamente diferente.

Antes de conhecer Kevin, no entanto, eu era o garoto-propaganda do problema empresarial. Fui seduzido, como qualquer outro empresário, pela ideia — achar que era o único que poderia ser o dono do negócio.

Trabalhando com Kevin, percebi que, como dono de 100%, estava limitado. Eu me impedia de ter minha equipe dos sonhos Tive que compartilhar a oportunidade de propriedade para colocar a equipe dos sonhos que eu queria no lugar. Para fazê-lo, comecei a estar aberto a parcerias e à participação nos lucros — não apenas de salários.

E isso me trouxe algo incrível.

Sempre tive um talento especial para contratar. No entanto, não importa o quão bem você contrate — não há nada como dar espaço para o outro jogar. Um proprietário pensa e age de maneira diferente — ele tem um compromisso diferente, que supera o seu talento e sua habilidade.

Acredito que estamos programados dessa forma. Como seres humanos — como americanos, particularmente — queremos ser donos das coisas. Temos o desejo de possuir. Viajo para vários países regularmente. Em muitos outros lugares, as pessoas não se importam se não são proprietárias de suas casas. Para elas, isso não é grande coisa. Elas alugam e, quando querem se mudar, se mudam. Não se deixam levar pela ideia de ter a própria casa. Nos EUA, temos que tê-la. Isso remonta aos primeiros dias de nossa história, quando os colonos foram para o Oeste, onde não havia nada além de cobras e animais selvagens, mas eles poderiam possuir um pedaço de terra.

Se sabemos que estamos programados dessa forma, por que não aproveitar? Por que não aproveitar, como empreendedores, para avançar, para adquirir melhores talentos, para incentivar o nosso pessoal?

Claro que, como proprietários, sentimos que colocamos nosso sangue, suor e lágrimas em nossos negócios e não queremos abrir mão dele. Perceba, porém, que propriedade não é algo que você tem de abrir mão imediatamente. Kevin o faz apenas com pessoas que fizeram por merecer. Certas marcas precisam ser atingidas. Certos objetivos, alcançados. A história da L'Oréal exemplifica esse conceito de forma linda.

Fico indignado quando assisto *Shark Tank* e vejo pessoas que conseguiram o negócio que desejam, mas por estarem separados por alguns pontos de equidade, o negócio não acontece. Isso me deixa perplexo. O benefício que elas ganhariam desistindo desses pontos superaria, em muito, o que ganhariam se não o fizessem, mas elas lutam fortemente para desistir de uma parte de sua empresa.

Muitos dos meus negócios faliram. Aprendendo o que aprendi com Kevin, prefiro muito mais ter uma equipe dos sonhos que seja tão engajada quanto eu. Posso investir capital, mas minha equipe investe seu tempo, energia e esforço — tempo longe das famílias despendido em horas extras. Isso cria valores extraordinários para eles e para mim.

No momento da escrita deste livro, comecei um empreendimento de *e-commerce* e contratei uma jovem enérgica e hábil para me ajudar. O tempo todo, eu a considerei como alguém que agiria como proprietária do negócio, mas queria ver se ela amava o que estava fazendo, e se o faria bem.

Ela fez um trabalho *fenomenal*. Sentamo-nos e perguntei se ela gostaria de ter a oportunidade de possuir até 10% do empreendimento. Ela ficou nas nuvens. Claro que, para chegar aos 10%, ela teria que ajudar a empresa a alcançar algo — no caso, 100 milhões de dólares em vendas. Estava dando a ela 1% para o primeiro milhão, 1% para os próximos 4 milhões e, a seguir, 1% para cada 5 milhões de dólares.

Ela estava muito feliz e animada. Era como ganhar na loteria. De outra forma, ela não teria sido capaz de arranjar o financiamento necessário para ser uma parceira. Trago minha sabedoria, experiência e dinheiro. Ela traz seu talento e sua motivação, e trabalha nas horas vagas. É a combinação perfeita.

Como eu poderia perder neste negócio? Quando tudo estiver feito, este provavelmente será um dos empreendimentos de maior sucesso em que já estive envolvido e vou acabar dedicando o mínimo de tempo nele. Não era apenas uma questão de "quem, e não como", mas encontrei minha parceira dos sonhos ao desistir daquela propriedade preciosa.

E tudo isso graças à orientação de Kevin.

A Equipe dos Sonhos da Família

Quando chegou a hora de fazer coisas em família, começamos a explorar as habilidades e os talentos únicos de nossos filhos — seus interesses diferentes e suas habilidades de liderança — para liderar algumas de nossas iniciativas em família.

Descobrimos que nossa filha mais nova, Grace, era a mais organizada e detalhista de todos os nossos filhos.

Então, pensamos em chamá-la para organizar uma tarefa ou atividade para a família, e, muito rapidamente, o resto da família, em vez de se incomodar com o fato de ela ser a mais nova, ficou feliz por não ter essa responsabilidade. Mesmo que Grace não tivesse parte da liderança natural de Markus, ela compensou isso com uma disciplina incrível em relação à organização e à estrutura. Na verdade, isso permitiu a Markus liderar de forma mais eficaz, porque sua irmã garantiria que os detalhes fossem cobertos e a tarefa fosse organizada.

A diferença entre as famílias que pensam que são a equipe dos sonhos e as que realmente operam como uma é se elas se sentem confortáveis deixando os membros certos fazerem as coisas para as quais têm um talento único para fazer. Quando isso acontece, a família pode ser extraordinária em muitas áreas, porque as pessoas certas estão disponíveis para fazer as coisas. As probabilidades são de que a mesma pessoa não seja sempre a responsável e, por causa disso, cada pessoa da família sente-se valorizada, pois tem a chance de fazer aquilo em que é bom — o que os prepara para o sucesso.

As famílias não costumam ter tempo para descobrir sua singularidade. Não conheço muitas famílias que fazem o teste StrenghtsFinder. Definitivamente, não conheço nenhuma que tenha o perfil de personalidade DISC. No entanto, muitas vezes, não pensamos em administrar nossos negócios sem administrar nossa equipe através do Myers-Briggs, ou seja lá qual for o teste da moda. Muitos empregadores nem mesmo contratam antes que os candidatos façam o teste.

Por que não usamos o mesmo pensamento em casa?

Toda família tem a oportunidade de ser uma equipe dos sonhos. É questão de saber se eles estão dispostos a descobrir quais são os dons únicos de cada um, quais são as suas habilidades únicas e, em seguida, abordar tarefas e desafios com a ideia de quem, e não como.

Se há uma coisa que eu poderia fazer de forma diferente quando se trata desse conceito é que eu teria classificado minha família como uma equipe dos sonhos muito antes. Quando aprendi isso com Kevin, já estava perdendo filhos para a faculdade. Se tenho um arrependimento, é que não plantei a semente que Deus nos deu como equipe dos sonhos quando Ele reuniu esta família. Embora eu tenha me tornado muito bom em me apoiar nos pontos fortes dos meus filhos, eu o faço mais agora com eles adultos do que no passado, porque entendo melhor seus pontos fortes e posso ajudá-los a se prepararem para o sucesso.

Antes tarde do que nunca — porque ainda não terminamos. Nosso time ainda está em campo. Eles podem estar espalhados em lugares diferentes, mas ainda temos a oportunidade de impactar uns aos outros e nos apoiar em nossos pontos fortes, mesmo que não compartilhemos mais a mesma casa.

Se você é um empreendedor com uma família, espero que leia isso e perceba que, embora possa começar a construir sua equipe dos sonhos nos negócios, já foi premiado com a equipe dos sonhos *definitiva*. Você só precisa apoiá-la, classificá-la e amá-la.

A Equipe dos Sonhos Executiva

Estou muito orgulhoso de compartilhar com você neste livro que, hoje, Kevin me considera parte da sua equipe dos sonhos. Quando ele tem um negócio, e no fundo de sua mente pensa que pode ser um bom empreendimento para eu olhar — ele que me traz a ideia. Na verdade, Kevin já estabeleceu a sua equipe dos sonhos executiva — eu, seu filho e dois advogados empresariais. Agora, para cada empreendimento de negócios que ele se envolve, ele inclui um ou mais de nós, mas nunca todos. Ele não começa nenhum empreendimento sozinho, a menos que alguém o esteja contratando para uma palestra específica por uma taxa única. Mesmo assim, se houver algum possível *upsell* ou outro elemento extra, ele levará um de nós para administrar e compartilhar a receita.

Ele fez isso por mim porque me viu abraçar a sua orientação — as noções de como:

- ▲ Desenvolver a mentalidade certa;
- ▲ Ser agressivamente curioso;
- ▲ Concentrar-se e traçar um plano;
- ▲ Tomar uma atitude;
- ▲ Renascer das cinzas do fracasso;
- ▲ Multiplicar, em vez de adicionar; e
- ▲ Criar a equipe dos sonhos.

Ele também viu como integrei todos os conceitos para obter escala — em tudo. Explicarei como no próximo capítulo.

CAPÍTULO NOVE

GANHE ESCALA (EM TUDO)

A escala é o Santo Graal da jornada do empreendedor.

Todo mundo pode começar um negócio. Todo mundo pode fazer uma venda ou duas — sua mãe pode ser a sua primeira cliente. Seus amigos e familiares podem ser assinantes e seguidores em suas contas de mídia social. Hoje em dia, não é difícil fazer essas coisas. Nem é difícil começar a gerar negócios reais. Não é tão fácil fazer isso com lucro, mas não é tão difícil experimentar algum crescimento.

Crescimento não é escala.

Kevin e eu conhecemos um cofundador de negócios — alguém que revelaremos no final do livro — que descobriu isso. Ele gostaria de ter percebido antes, imagino, mas quando o fez, realizou a única coisa que poderia fazer de forma a parar de crescer linearmente e começar a crescer em escala.

Ele se demitiu como CEO.

Não Seja Uma Pedra no Próprio Caminho

Como cofundador e CEO, ele não conseguiu escalar a sua empresa. Ele simplesmente não foi feito para ser a liderança executiva. Não era o seu forte. Ele não estava utilizando seus próprios talentos e habilidades com o melhor da sua capacidade, mas como não conseguia abrir mão do seu bebê, ele e seu cofundador estavam limitando sua capacidade de escalar. Felizmente, por meio de uma série de eventos, ambos tiveram uma epifania e perceberam que tinham que sair do próprio caminho.

Então, eles se permitiram sair, trouxeram um novo CEO e se encarregaram de departamentos que lhes permitiam se apoiar naquilo em que eram realmente bons — e a empresa está florescendo. Escalando a uma taxa inacreditável.

Isso aconteceu não apenas porque eles deixaram de criar obstáculos no próprio caminho. Eles também tomaram a atitude inteligente de manter seus negócios fora do oceano vermelho.

Oceano Azul

Kevin me ensinou que se você quer realmente crescer em escala, tem que encontrar um pouco de oceano azul.

"Há dois tipos de curso d'água", Kevin disse. "Há o oceano vermelho, onde todos estão se matando. É o mercado competitivo, no qual todo mundo já está. A água é vermelha porque todos estão lutando uns contra os outros, sangrando no oceano."

"É no oceano azul que você precisa chegar, especialmente quando se trata de escalar. Onde está a água que não está agitada com competição?"

"Este conceito não é meu, mas é um dos que adotei e tem me servido muito quando se trata de crescer em escala. É difícil, quase impossível, escalar através do oceano vermelho, porque quase sempre há grandes tubarões na água. Se você tentar abrir grandes lojas físicas de varejo com desconto, a não ser que seja um *trilionário*, terá alguns problemas. O Walmart conquistou muito bem cada pedaço de imóvel em um mercado em que faria sentido fazê-lo."

"Se você pretende criar e começar um *marketplace* de *e-commerce* agora, mesmo que seja um ramo de negócios enorme e a Amazon valha bilhões de dólares, a menos que você tenha esse tipo de capital ou já esteja bem estabelecido na área, não conseguirá nada. Esses são oceanos vermelhos. Você pode dar um mergulho, mas vai ser sangrento."

"Já no oceano azul, você pode atravessar as águas rapidamente. Pode obter muitos clientes e oportunidades porque a concorrência é esparsa ou nem mesmo existe."

A História de Daniel

De vez em quando, realizamos eventos em que as pessoas pagam entre 5 e 10 mil dólares só pelo privilégio de se sentarem com Kevin. Ele fala sobre o lançamento de ideias e transmite um pouco de sua sabedoria — mas, na verdade, as pessoas pagam tal soma de dinheiro para apresentar um *pitch* para *ele*.

Estávamos em um desses eventos e havia oito pessoas sentadas em volta de uma mesa. Um cavalheiro chamado Daniel tirou um item do seu bolso e disse para Kevin:

"Sua próxima ideia de 100 milhões de dólares está aqui."

O que Daniel segurava parecia dois pequenos pauzinhos e, ao se puxar uma das pontas, almofadas de fibra de carbono passam por uma placa de fricção, de modo que o objeto se carrega ionicamente. Seu uso? Limpar óculos. A poeira e a sujeira que se acumula nelas são atraídas para as almofadas carregadas e, ao serem colocadas de volta no tubo, recarregam-se sozinhas. Elas também foram projetadas com as bordas para caber nos cantos dos seus óculos. Um grande produto. Mas Daniel estava tentando fazer as coisas em uma rota de vendas tradicional. Estava se aproximando de estabelecimentos físicos, tentando vendê-los onde as pessoas compram óculos.

"Adorei o produto", Kevin disse, "então, me envolvi. Disse a Daniel, de antemão, porém, que não sabia o quanto o negócio poderia escalar dentro de um modelo de varejo tradicional. No entanto, achei que houvesse um oceano azul na forma do meu acesso à televisão, demonstrado pelo meu sucesso com a QVC e a HSN. Este produto seria perfeito lá, pois era algo demonstrativo. Em outras palavras, mostrar como funcionava ajudaria a vender o produto. Na mesma época, o Facebook estava crescendo intensamente, e pensei que seria a casa perfeita para vendê-lo."

"Ninguém na QVC estava vendendo algo para limpar óculos. As pessoas não iam ao Facebook em busca de como manter seus óculos impecáveis. Isso criou canais de marketing de oceano azul para o produto."

"Fomos à QVC primeiro. Eles demoraram a testá-lo por qualquer motivo, o que nos deixou coçando nossas cabeças por um minuto. Sabíamos que tínhamos esse mercado de oceano azul, mas eles pareciam não querer entrar nele. Em seguida, eles nos perguntaram: podem criar outro item semelhante a este? Daniel também tinha outro item que limpava telas de computador. Mesmo conceito. Almofadas de fibra de carbono cruzando uma placa de fricção para carregá-las, mas agora a um preço mais alto. Mesmo assim, a QVC não quis."

"E aqui está a loucura: nesse ínterim, levamos o produto original ao Facebook, conforme planejado. Descobri que havia muitas pessoas usando óculos no Facebook, principalmente da demografia mais velha. Ele disparou como um tiro, a ponto de este pequeno item, do tamanho de um pauzinho em miniatura, vender milhares de unidades *por dia*."

Isso mesmo. No momento em que este livro estiver em suas mãos, é um item que tem o potencial de se tornar mais um dos produtos de 100 milhões de dólares de Kevin Harrington.

E não é só isso, mas com o resultado do sucesso no Facebook, a QVC, que originalmente havia recusado o produto, demonstrou interesse. Eles nos pediram para fazer um pacote de dois limpadores de óculos, com duas cores diferentes. Kevin e Daniel concordaram e a QVC os testou.

O teste foi tão bom que, no auge, eles encomendaram centenas de milhares de unidades.

Não é que Daniel não estava crescendo — ele estava. No entanto, Kevin adicionou aquele "tempero especial" que realmente o ajudou a escalar.

Então, o que é Escala e o que é Crescimento?

Para usar a linguagem dos capítulos anteriores, crescimento é linear. Escala é exponencial. A escala não acontece em uma razão linear. O crescimento significa que você está vendo aumentos de 10%, 20%, talvez até 50%.

A escala é um taco de hóquei. Você tem crescimento ao longo do comprimento do taco, movendo-se para cima em um ritmo lento, mas consistente. Então, de repente, o taco se curva drasticamente, quase verticalmente.

Isso é escala. Isso é vender 15 mil unidades por dia.

Pense num restaurante familiar que é bem-sucedido e lucrativo. Depois de alguns anos, os donos podem abrir um segundo. Esses dois restaurantes vão bem e, depois de três ou quatro anos, eles podem abrir um terceiro. Mais alguns anos de sucesso se passam e abrem um quarto. Ele continua crescendo neste modelo e podem levar de 30 a 40 anos para terem cem restaurantes.

Ou — eles podem pegar o seu conceito comprovado e se reinventar em uma franquia. Agora, eles podem chegar a *300* de restaurantes nos próximos cinco anos, se o desejarem.

Isso é escalar. Isso é o final do taco de hóquei.

A parte comprida do taco foi a inauguração do restaurante, fazer algum dinheiro, provar o conceito e abrir um segundo restaurante. Foi um crescimento linear. A franquia é o que é escalável, porque eles estão usando a energia, os recursos e os talentos de outras pessoas para duplicar o que já fizeram, mas em massa.

No entanto, sejamos honestos — todos conhecemos algumas empresas que perderam sua janela de escala e, ao fazerem isso, fracassaram completamente.

A Blockbuster estava completamente satisfeita com seu crescimento. Eles estavam crescendo todos os anos e tiveram a oportunidade de comprar a Netflix por, aproximadamente, 1 bilhão de dólares. Aquele foi o seu momento taco de hóquei. Eles poderiam mudar completamente seu modelo de negócios e, por qualquer motivo, não estiveram dispostos a fazê-lo. Em alguns anos, não apenas deixaram de crescer como faliram; e, agora, a Netflix vale exponencialmente mais do que a Blockbuster em seu valor mais alto.

Eles não podiam — ou queriam — sair do seu próprio caminho.

A Psicologia da Precificação

"Quando uma pessoa percebe que o preço de seu produto é puramente baseado no valor percebido", Kevin me contou, "eles podem valorizar seu produto para o público certo."

"Às vezes, nos assustamos e dizemos: 'Bem, nunca poderei vender meu produto por 50 dólares'. Se você diz isso a si mesmo, então não está olhando para as coisas da maneira certa. As pessoas têm 50 dólares para gastar todos os dias. O que você precisa realmente se perguntar é: você consegue fazer com que o valor percebido *exceda* o preço? Porque as pessoas não tomam decisões de compra com base no preço — e sim tendo como base a sua percepção do valor do produto. Pessoas que crescem em escala entendem isso. Se o seu preço é igual ao valor percebido do seu produto ou serviço, seu negócio não é escalável.

Se você estiver *abaixo* do valor e dos preços percebidos — bem, essa é uma fórmula para não ficar no mercado por muito tempo."

"O problema é que as pessoas costumam buscar uma combinação de valor percebido e preço. Essa é uma estratégia de crescimento, não de escala. Escalar é obter valor percebido acima do preço."

Kevin era — e é — o mestre deste conceito. Lembre-se de Tony Little e o Ab Isolator. Foi um sucesso, estava crescendo — mas não escalando. Era um bom item, não um item maravilhoso, e o preço excedia o valor percebido. Quando eles adicionaram aqueles CDs de treinamento, o valor disparou, assim como as vendas.

"A armadilha que você deve evitar, no entanto", Kevin disse, "é elevar significativamente seus próprios custos no processo de tentar aumentar o valor percebido. Não importa se aumento o valor para o consumidor se estou perdendo dinheiro a cada venda. Tony teve que voltar e gravar os treinos. Esta foi uma despesa única. Naquela época, duplicar os CDs custou centavos — e não dólares. Um pouco de custo por uma tonelada de valor percebido."

Fazia todo o sentido. Era preciso alguma inteligência para agregar esse valor. A chave, porém, era não permitir que o preço fosse uma crença limitadora.

"Uma das coisas que vale muito dinheiro hoje em dia", continuou Kevin, "é o SaaS — *software as a service* (software como serviço). Essas empresas estão negociando por valores gigantescos porque descobriram como fazer uma venda e, em seguida, colocar seus compradores em um programa de continuidade, que não precisa ser revendido todos os meses. Acontece automaticamente."

"A Amazon também descobriu isso. Há certos itens lá agora que custam, digamos, 15 dólares, mas se você concordar em levar o produto todo mês, custará 13 dólares. Para eles, o esforço é o mesmo. No entanto, para o consumidor, ele precisaria entrar no site/app da Amazon, fazer login em sua conta, pesquisar o item e assim por diante, sempre que quisesse comprá-lo. Ou pode comprá-lo uma vez e nunca mais precisar pensar em comprar novamente, porque isso acontece automaticamente."

"Esses são os tipos de coisas que escalam uma empresa. Vender o seu produto ou serviço repetidamente ou vendê-lo uma vez e obter receita contínua. Agora, cada venda, depois disso, é exponencialmente mais lucrativa e você não precisa construir uma infraestrutura inteira em torno dela."

O que difere Kevin de outros empreendedores seriais é a frequência com que ele está apto a escalar ideias e negócios para aqueles indescritíveis 100 milhões de dólares. Mencionei antes que ele estará em seu 21º negócio quando esse livro estiver em suas mãos. Ele tem uma série de empreendimentos indo tão bem agora que o livro pode até ser o 22º — tudo por causa da sua habilidade única em escalar.

Apesar de todos os excelentes exemplos que Kevin compartilhou comigo a respeito disso, uma das histórias mais incríveis foi a de uma empresa de bebidas energéticas.

Entra a Celsius

Kevin ama bebidas energéticas. Toma uma quase todos os dias. É assim que ele é. Por meio de sua capacidade de fazer contatos, Kevin acabou na diretoria de uma pequena empresa de bebidas energéticas com base na Flórida, chamada Celsius. Ele amava o produto, que realmente era ótimo.

"Eles fizeram uma pesquisa para mostrar que seu produto ajudava as pessoas de verdade", Kevin disse. "Mas, assim como a maioria das empresas, estavam apenas crescendo. Não sabiam como escalar. Tinham uma distribuição limitada, usando distribuidores de comidas e bebidas para levá-los aos locais de varejo, o que não era e nem é fácil de fazer."

"Para obter o efeito do taco de hóquei, algo radical teria que acontecer. Um amigo em comum me perguntou se algo em que eu estava trabalhando seria interessante para Flo Rida, o cantor de rap. Uma luz se acendeu na minha mente e eu disse: Celsius. Joguei o nome para o conselho e eles aprovaram. Voltei a falar com o meu amigo e disse que estava com uma ótima empresa e que queríamos falar com o Flo sobre uma oportunidade."

"Fomos ao seu estúdio, o seu novo Bugatti estacionado na frente, e sentamos com seu empresário. Flo é um cara forte, com o corpo definido, e ele também gosta de bebidas energéticas. Disse ao empresário de Flo que o cantor seria o garoto propaganda perfeito para a Celsius. Ele respondeu: 'Isso é ótimo, mas ele ganha 1 milhão de dólares só para aparecer em um lugar'."

"A Celsius era uma start-up. Naquele estágio inicial, eles não tinham um orçamento de 1 milhão de dólares apenas para uma parceria. Então eu disse: 'Serei honesto, você está pensando pequeno. 1 milhão lhe dá o quê? Outro Bugatti? Esqueça o milhão de dólares. Vamos lhe dar algumas ações da empresa. Iremos a uma grande exposição de comidas e bebidas e você fará um show particular para os maiores compradores de lá. Com base no que planejamos em termos de volume, essas ações vão acabar valendo muito mais do que 1 milhão de dólares'."

"Flo e seu empresário aceitaram. Ele foi ao show e fez uma performance excepcional para aqueles principais compradores. Era um pequeno público assistindo a um show privado do Flo Rida. Foi tão bom que a Celsius foi escolhida por algumas das maiores empresas do setor, com distribuição nacional. Com o tempo, a empresa cresceu para mais de 350 milhões de dólares em valor de capitalização de mercado e estava sendo negociada por 5 dólares a ação na NASDAQ."

Este não foi um salto duvidoso no valor das ações. No momento em que escrevíamos esse livro, a Celsius ainda era negociada por mais de 5 dólares a ação. Kevin ainda está no conselho de diretores — e jamais vendeu uma ação sequer. Ele poderia ter vendido há algum tempo, mas acreditava na empresa. Não era um cenário de *"pump and dump"*[1].

Ele vislumbra coisas boas no futuro deles e continuará a acompanhá-los.

---

1   *Pump and dump* - quando os investidores supervalorizam o preço de ativos divulgando informações equivocadas sobre a empresa.

WHSmith

WHSmith é uma empresa britânica com lojas de varejo em vários locais, a saber, aeroportos. Kevin compartilhou outro exemplo de escala com eles — e comigo.

"Então lá estava eu, sentado com alguns dos cabeças da WHSmith", Kevin disse. "É uma empresa de sucesso extraordinário. Lançaram alguns canais de televisão e percebi que eles tinham algum tempo de inatividade. Disse-lhes que havia notado — e a sua reação não foi a que eu esperava."

"Eles disseram: 'Não nos importa ter inatividade. Não gostamos dessa forma americana de vender, esses infomerciais que vocês fazem. São difíceis de vender. Isso não vai acontecer aqui na Inglaterra, e não estamos interessados'. Posso dizer que eles foram até um pouco rudes."

"Algo me diz que isso não te impediu", eu disse para Kevin.

"Oh, não", ele respondeu, sorrindo. "Mostrei a relação entre os números de casas em que eles estavam e o número de horas de inatividade e voltei com uma proposta. Disse que lhes daria um depósito adiantado e projetei que a receita do ano seria equivalente a 262 de suas lojas em lucro. Eles não teriam que investir nada. Estaríamos apenas utilizando o tempo de inatividade do canal deles, então, o que achavam de ter o lucro de 262 de suas lojas sem ter que construir nada nem assinar nenhum aluguel?"

"Claro, eles estavam em dúvida e perguntaram como eu concretizaria o feito. As lojas no aeroporto geravam uma média bruta de 800 mil dólares e eles tiveram um lucro de 160 mil. Disse a eles para multiplicar isso por 262 e esse seria o montante que eu lhes daria pelo tempo de inatividade. Dei-lhes um cheque de 500 mil dólares e disse que ganhariam de 6 a 8 milhões de dólares com ele."

"Quando coloquei nesses termos, eles ficaram maravilhados. Agora, de repente, aquele jeito americano de vender não era tão ruim. Eles não podiam recusar. Tinham a responsabilidade fiduciária frente ao seu conselho e aos acionistas de dizer sim — e disseram."

Escalando a Família

O resultado financeiro de uma família não é medido em dólares e centavos. O crescimento de uma família não se mede nas vendas de primeira linha.

Quatro dos meus seis filhos já saíram de casa. Se os equipei — se os preparei para o próximo capítulo de suas vidas, então cada um deles representa uma entidade totalmente nova. Escalar uma família significa responder se os valores, os princípios e as coisas que mais importam podem ou não transcender gerações. Seus filhos podem ter sua própria família e multiplicar o que aprenderam com você, passar aos filhos e assim por diante?

Ter mais filhos é crescimento, não escala. Ter um multiplicador exponencial dentro de uma família só pode acontecer quando eles começam a seguir em frente e fazem suas próprias coisas. O que importa para a nossa família é a nossa reputação. Isso, para mim, é o elemento escalonável que existe em nossa unidade. Temos que nos perguntar se transmitimos os valores fundamentais que eles vão multiplicar não apenas em suas futuras famílias, mas também a outras pessoas em geral.

Grace lutou a maior parte de sua vida para conhecer pessoas novas. É difícil causar um impacto em alguém quando se tem medo do envolvimento. No verão em que Kevin e eu embarcamos na jornada deste livro, ela decidiu tentar se conectar com mais pessoas. Eu disse a ela que uma das melhores formas é fazendo perguntas. As pessoas gostam de ouvir a própria voz e adoram falar de si mesmas, então, se você está interagindo com alguém e ela fala mais do que você, é provável que ela realmente lhe aprecie. É algo simples, mas Grace implementou essa tática quando foi para Washington, D.C., para participar da Conferência Nacional de Liderança da FFA Washington, onde acabou conhecendo muitas pessoas e causando impacto nelas.

"As pessoas não se importam com o que você sabe até que elas saibam que você se importa", disse a ela. Quanto mais ela era capaz de ouvir e sentir empatia, mais influência exerce sobre os outros. Agora, ela tem a oportunidade de impactar muito mais pessoas do que antes — compartilhar seus pensamentos, pontos de vista, sabedoria e valor com eles, os valores que instilamos nela. Ela está multiplicando isso para o mundo. Está escalando a nossa família.

Contudo, mais do que escalar a nossa família como um todo, o que aprendi com Kevin foi como escalar meu próprio relacionamento *com* a minha família.

Tinha uma boa relação com meus filhos — mas não ótima. Eu estava fazendo esse relacionamento crescer, mas não escalar. Eu era pai como todo mundo — sem responsabilidade. Eu os levava para a escola, aparecia em seus jogos e perguntava sobre seus deveres de casa. Se houvesse um gráfico mostrando quanto tempo o pai médio passa com seus filhos, eu estaria bem no centro.

No entanto, sabia que esse não era o relacionamento que queria ter com eles. Não é isso que sonhei ter quando imaginei ter filhos. Tive que me perguntar como poderia tornar o nosso relacionamento melhor. Não podia largar meu trabalho para ficar mais em casa. Claro, se o fizesse, escalaria meu relacionamento com eles, mas então nossa família iria à falência.

Cheguei à decisão consciente de levar um dos meus filhos comigo em todas as viagens de negócios que fizesse. Isso tirou a culpa de viajar com tanta frequência, porque sempre tinha pelo menos um deles comigo. O que não percebi é que o tempo de qualidade que gastava com eles no avião, no quarto de hotel, em uma conferência, conversando, trocando ideias com eles era exponencialmente mais valioso do que qualquer encontro com um deles pelos corredores ou uma espiadela nos seus quartos em casa. Cinco minutos conversando em um avião sobre a vida e seus objetivos para o futuro valiam uma hora do nosso tempo rotineiro em casa.

Assim como Zig Ziglar disse que não há elevador para o sucesso nos negócios, também não há elevador para um relacionamento maravilhoso - não importa com quem seja. Você tem que dar um passo de cada vez. Muitas vezes, como pai, quando se trata de ter suas interações com seus filhos, você quer ir direto ao ponto. Entendo como a vida atrapalha e parece que você não tem tempo para dar todos esses passos. Mas e se você tentasse fundir sua vida profissional com a doméstica?

Seus filhos vão à escola? Os meus também iam. Fui até o diretor e disse a ele o que queria fazer, para ter a sua permissão e garantir que meus filhos não fossem penalizados. Eles criaram um programa que exigia que as crianças pedissem que os professores certificassem que eles estavam no nível esperado ou o ultrapassando naquela matéria em particular, bem como levassem o dever de casa com antecedência, que era exigido quando voltassem.

A escola concordou e aquilo funcionou perfeitamente. Tenho uma relação com eles que supera a que eu sonhava.

Eu também queria escalar minha relação com Kevin.

Éramos parceiros e estávamos indo bem. Gostávamos um do outro — mas eu sabia que era possível ser mais e melhor. Então, como já mencionei, mudei-me com a minha família para São Petersburgo no inverno, para poder ter uma proximidade maior com ele e investir mais em sua orientação para comigo. Passei mais tempo com ele, viajamos e o acompanhei a todos os lugares. Subi as escadas para o relacionamento que temos hoje, no qual ele não é apenas mentor, mas amigo e parceiro. Demos a nós mesmos permissão para conhecer, gostar e confiar um no outro.

Ele me conheceu nas escadas.

A Babson Está Chamando

Você pode ou não ser familiarizado com a Babson College.

Se não é, a Babson College foi fundada como uma escola de negócios privada em 1919, em Wellesley, Massachusetts. Foi fundada por Roger Babson e seu foco central, hoje, é a educação empreendedora. Na verdade, no momento em que esse livro foi escrito, ela foi classificada como número um nessa categoria pela Princeton Review, pela revista *Entrepreneur* e pela *U.S. News & World Report*. Seu programa de MBA também foi classificado como o número dois, *globalmente*, em progresso de carreira pelo *Financial Times*, em 2019, com mais de 41 mil alunos em 119 países.

Isso tudo foi para te dizer que essa instituição conhece o empreendedorismo.

Por conta do incrível sucesso de Kevin, Roger Babson o abordou para falar a respeito de sua ascensão como um dos maiores empreendedores que o mundo dos negócios já viu e transformá-lo em estudo de caso para seus alunos. Kevin, um mentor e educador nato, concordou rapidamente, animado com a oportunidade de transmitir aos jovens empreendedores o mesmo conhecimento que transmitiu a mim.

O que ninguém poderia esperar — muito menos Kevin — é que ali ele experimentaria o seu maior fracasso.

CAPÍTULO DEZ

O RETORNO À BABSON

"Fui abordado pelo Professor Neil Churchill sobre este estudo de caso", Kevin me contou. "Perguntei o que isso tudo implicaria. Ele fez um *pitch* do estudo, apresentando-o como uma oportunidade de dar sua retribuição à comunidade empresarial. Eles enviariam alunos e professores para a minha empresa, todos com acordos de sigilo assinados, e estes observariam e entrevistariam a mim e as outras pessoas que trabalhavam comigo."

"Dei acesso total a eles. Queria que vissem todos os altos e baixos do negócio, porque não seria sincero dizer que tudo funcionava bem o tempo todo. Dito isso, o foco era principalmente sobre como cheguei aonde estava — o que eu chamava de ascensão."

"O que nunca previmos é que eles também testemunhariam minha queda. Lembra quando falei um pouco sobre o problema com a minha empresa de infomercial?"

"Espere um momento", eu disse, incrédulo. "Quer dizer que isso aconteceu no meio do estudo de caso?"

"Bem no meio daquele estudo de caso", disse Kevin.

"Preciso ouvir isso", eu disse.

DE VOLTA AO COMEÇO

"Fundei a Quantum Marketing International Inc. — ou QMI — em 27 de agosto de 1988, com meu irmão, Tim, e com 75 mil dólares em caixa. Estávamos de olho em um espaço de escritório vazio na mesma rua da minha antiga empresa, Franchise America. O espaço havia sido alugado por uma empresa que acabara de falir. Isso quer dizer que ainda havia plantas e fotos na parede; era recente. Então, em uma sexta-feira de manhã, pedi demissão da Franchise America e assinei um contrato de aluguel do espaço de escritório naquela tarde."

"Na segunda-feira de manhã, estávamos no negócio — mas eu não tinha um centavo de renda alinhado. Não tinha produtos, nem planos — nada. Mas eu tinha que sair da Franchise America. Todo mundo lá queria vir comigo, mas levei apenas o meu irmão. Queria um início limpo para fazer as coisas da maneira que sabia que deveriam ser feitas. Por sorte, encontrei Arnold Morris em uma feira comercial e sabemos o que aconteceu lá."

"Foi aí que começou a sua ascensão", eu disse.

"Sim, mas mesmo lá tivemos alguns problemas iniciais na fabricação. Houve problemas trabalhistas e até greve. Eles acabaram mudando as instalações de produção, o que atrasou as nossas entregas em meses. Tivemos que contratar um monte de temporários para lidar com todas as reclamações de atendimento ao cliente. Tivemos que deixar de cobrar os cartões dos clientes quando eles pediam e esperar até que as facas fossem enviadas. Algumas pessoas ficaram com tanta raiva que ligaram para o Better Business Bureau[1] e até mesmo seus procuradores-gerais."

"Mais tarde, descobri a *wok* artesanal. Era um ótimo produto, mas tivemos uma perda operacional de quase 100 mil dólares com ela, devido a produtos semelhantes e complicações na produção. Isso, junto com o rápido crescimento que estávamos experimentando como empresa, nos deixava continuamente sem caixa, embora estivéssemos recebendo muitos pedidos e pagamentos de clientes."

"Em janeiro de 1989, já éramos nove pessoas, incluindo um contador, uma recepcionista e novos temporários no atendimento ao cliente. Estávamos explorando o sucesso, já fazendo milhões. Mas com o crescimento vieram problemas de gerenciamento. E parte do problema era eu."

"Você?", eu disse. "Como assim?"

"Quando comecei, participava de tudo. Produzia e editava os programas, lia os roteiros, localizava os produtos, ia às feiras e comprava os meios. Conforme crescíamos, todos nos negócios — e quero dizer todos mesmo — ainda se reportavam a mim. Ninguém encomendava mercadoria sem o meu aval. Na metade de 1989, quando chegamos a 45 pessoas, aquilo estava me deixando louco. Se saísse da cidade por três dias, recebia cem ligações enquanto estivesse fora. Se quisesse permanecer pequeno e viver uma vida curta, poderia ter continuado assim — mas não queria nada disso. Trouxe a gestão para funções diferentes e tivemos nossos altos e baixos, mas continuamos a trabalhar em escala e crescimento."

"Ainda assim, foi bom para a Babson College ver e aprender essas coisas para o estudo de caso, porque alguns dos seus elementos levaram à queda que estava no horizonte."

---

[1] Better Business Bureau - é uma organização privada sem fins lucrativos cuja missão, autodeclarada, é focar no avanço da confiança do mercado, não sendo afiliada a nenhuma agência governamental.

O Clube da Continuidade

"Formei uma divisão da QMI chamada Quantum Direct", continuou Kevin. "Essa divisão alugou a lista de todos os nossos clientes da QMI e fez uma mala direta para anunciar os nossos produtos de televisão, fazendo telemarketing ativo. Vendemos às pessoas que compraram discos e fitas *mais* discos e fitas, ou às pessoas que compraram itens de cozinha *mais* itens de cozinha."

"Também tínhamos um clube chamado O Clube da Continuidade, que era, essencialmente, um clube '*Gadget* do Mês'. Era como os descontos em CDs da Columbia House. As pessoas se inscreviam para receber um produto atual e, a cada dois meses, recebiam um cartão descrevendo o próximo produto. Se não respondessem dizendo 'não', enviávamos o próximo item. Se gostassem, ficavam com o item; se não gostassem, devolviam. Em 1990, O Clube da Continuidade tinha um total de 80 mil membros que pagavam uma taxa de 40 dólares. A maioria das vendas do Quantum Direct vinha de membros do clube."

"Isso parece encrenca", eu disse.

"O que aconteceu foi que os membros do clube cancelavam e continuavam recebendo a mercadoria", Kevin disse. "O centro de distribuição não estava funcionando corretamente e nos fornecia informações ruins. Tínhamos 80 mil membros, mas 82% deles havia cancelado; e a maioria ainda estava recebendo os produtos — alguns, seu produto inicial *duas vezes.*"

Meu queixo caiu — "82%?"

"E não era só isso", Kevin continuou, "os clientes não estavam furiosos apenas porque não queriam mais ser membros, mas porque não queriam um, às vezes dois, produtos que não tinham pedido, além de quererem seus 40 dólares de volta. Foi uma grande confusão."

"Com a alta taxa de estornos, a empresa de processamento de cartão de crédito com a qual trabalhávamos cobrou 300 mil dólares em cobranças válidas para se proteger de quaisquer estornos futuros. O banco, então, nos notificou, a QMI, informando que estávamos inadimplentes em nosso empréstimo e que eles queriam — exigiam — que quitássemos o nosso saldo de 1,5 milhão de dólares imediatamente. E não parou por ali: eles congelaram a nossa conta bancária, que tinha cerca de 900 mil dólares."

A Queda

"Estávamos reembolsando cada centavo que entrava de nossos produtos de televisão da QMI. Olhando para trás, se jamais tivéssemos fundado a Quantum Direct, nunca teríamos tido problema, porque a QMI era lucrativa desde o início. Tivemos que apresentar o Capítulo 11[2], ou seríamos completamente arrasados e estaríamos fora do negócio de vez. Todos os nossos contratos, tudo em que estávamos trabalhando pararam da noite para o dia, *literalmente*. Ninguém queria assinar um acordo de negócios com uma companhia na falência. Por que assinariam?"

"E tudo isso ocorreu quando a Babson estava fazendo o estudo de caso?", perguntei.

"Sim", respondeu Kevin. "Mas como já dissemos, do fracasso à fênix, certo? Tudo isso acabou sendo uma bênção, tanto para mim quanto para a Babson."

Sorri. "Porque eles puderam ver a ascensão."

Kevin também sorriu. "Isso. A ascensão, a queda e a ascensão novamente."

Quando ele me ensinou o princípio do fracasso à fênix, contou como conseguiu sua notável reviravolta. Vendeu os ativos da QMI para uma empresa de capital aberto na Bolsa de Valores de Nova York, tornando-se o segundo maior acionista daquela empresa pública. Então, em vez de dinheiro, pagaram em ações a quem estavam devendo, levando as ações da empresa de menos de 2 para 20 dólares. Mesmo que eu já tenha ouvido isso antes, ainda tenho calafrios. Essa história nunca envelhece.

E a Babson é uma prova positiva disso.

---

2   Capítulo 11 - um dos capítulos do Título 11 do Código de Falência dos Estados Unidos, que permite que empresas com problemas financeiros possam se reorganizar sob as leis do país.

A Primeira Aula

"A primeira vez que vi o estudo de caso ser ensinado", Kevin disse, "foi em algum momento entre 1991 e 1992. Eles me convidaram para o último dia. Ensinaram para os alunos tudo sobre a minha ascensão inicial ao sucesso; no dia em que os visitei, falavam sobre meu último dia de queda. Os alunos não tinham ideia de que houve uma ascensão subsequente e o corpo docente iria divulgá-la no final do estudo de caso, comigo lá na plateia."

"Então, estava sentado no final da sala enquanto o professor estava dando uma aula e, embora ninguém lá soubesse quem eu era ou por que estava lá, me sentia muito bem comigo mesmo. Quer dizer, saí daquela situação terrível em ótima forma, certo?"

"Vamos dizer que eu reconheço que é trabalho do professor ensinar. Eles têm que apontar especificamente quais os grandes erros que foram cometidos. Bem, esse professor fez muito bem o seu trabalho."

"Como assim?", perguntei.

"Aqueles alunos estavam zombando de mim!"

"Pare", eu disse. "Sério?"

"Estava sentado lá naquela sala, só observando aquelas pessoas, e não pude evitar — fiquei furioso. Pensava comigo mesmo: *Você é só um aluno universitário — o que teria feito na linha de fogo, tentando decidir o que fazer? A pessoa construiu esse negócio de 85 milhões de dólares por ano, está lutando dia a dia e, então, tudo desaba — como você lidaria com isso?* Sentado ali, deixei de me sentir o Sr. Empreendedor de Sucesso para me sentir o rei nu."

"Mas quando a Babson me deu a oportunidade de compartilhar a história da ascensão após a queda, pude ver suas opiniões começarem a mudar — mesmo só com a ideia de que salvei a empresa. Mas ainda tive que reconstruí-la, certo? De que adiantava ter alguns milhões de dólares em ações a um dólar cada? E daí que você tem alguns milhões de dólares? Você tem que construir um *grande* valor."

"National Media, a empresa com a qual iríamos nos fundir antes de apresentarmos o Capítulo 11, finalmente entendeu os ativos que eu havia acumulado, os contratos de exclusividade na Europa, América Latina e Ásia — ela nos viu iniciar um lançamento global de nossos infomerciais. Estávamos no lugar certo, na hora certa, com as pessoas certas. As ações da National Media valiam 1 dólar e ela tinha 12 milhões de ações. Quando selei o acordo, ela tinha uma capitalização de mercado de 12 milhões de dólares. Três anos depois, as ações estavam perto de 20 dólares cada e ela emitiu outro lote de 12 milhões de ações, agora com mais de 25 milhões de ações. Fomos para uma capitalização de mercado de 500 milhões de dólares. Minha receita foi de, aproximadamente, 50 milhões de dólares. Não é um mau negócio para um ativo que muitos desses alunos podem ter considerado inútil. Sem essa queda, não teríamos a história que temos hoje."

E a Babson sabia disso.

DE VOLTA À BABSON

A Babson College disse a Kevin que, em seu programa, usavam a maioria dos estudos de caso por alguns anos, no máximo, antes de passarem para coisas novas.

Como sempre acontece com algo relacionado a Kevin Harrington, não foi assim.

De fato, a ascensão, a queda e a nova ascensão de Kevin é tão impactante e inspiradora que fazia parte do currículo da Babson por quase *30 anos*.

Para celebrar isso, a Babson convidou Kevin para uma comemoração dos quase 30 anos do uso de seu importante estudo de caso — e eu fui com ele. Kevin teve que contar a história de sua ascensão das cinzas para outro grupo de estudantes empreendedores ávidos, que foram surpreendidos em igual medida por aqueles que tinham ouvido essa história décadas atrás. Foi algo incrível de se testemunhar. Ver esses alunos impactados por uma história de mais de um quarto de século reafirmou o poder que ela teve em mim e como fez de Kevin um mentor tão inspirador.

Mas, acredite ou não, algo mais impactante aconteceu enquanto estávamos lá.

A Babson deu a um seleto grupo de alunos, aqueles que haviam passado pela aula de estudo de caso de Kevin, a oportunidade de falar com ele na hora — ter *feedback* do Shark original do *Shark Tank* em suas ideias. O mais incrível em relação a isso — tanto que ainda fico pasmo pensando — é que Kevin realmente se ofereceu para começar a usar e apoiar algumas das ideias dos alunos.

"Um dos alunos tinha um app de viagens chamado TravelSquad", ele me disse depois. "Disse-lhe que se me mostrasse que poderia mesmo economizar meu dinheiro, eu começaria a administrar minhas viagens através do seu aplicativo — e viajo *muito*, ao redor do mundo."

"Outro deles tinha uma bebida incrível. Tão incrível, que pedi seu contato para pegar amostras, para que pudesse conectá-lo com o ex-CEO de uma das grandes empresas de bebidas."

"Falamos, provavelmente, com quinze a vinte alunos, e o mais incrível — o que me inspirou tanto — é que eles não só levantaram e se apresentaram. Cada um deles tinha um negócio. Um cara apareceu e disse que tinha uma empresa de marketing digital. Outro disse que tinha uma empresa de viagens. E assim foi."

"Foi muito diferente da minha experiência na faculdade. Claro, eu tinha um negócio na faculdade — mas ninguém mais que eu conheço tinha. Mesmo meu filho Brian — quando ele estava na faculdade, fiquei tão animado em como faria com que ele dirigisse um negócio enquanto eu estivesse ao seu lado, mas ele não queria nada disso. Queria apenas ser um estudante universitário — e eu entendi. Diabos, eu não me formei na faculdade. O que eu poderia dizer se ele voltasse para casa com notas ruins porque estava tentando administrar um negócio ao mesmo tempo?"

"A Babson está mudando o jogo. Os alunos estão saindo de lá com negócios, contatos e dinheiro. Eles aprendem como levantar capital, como comercializar, como fazer tudo em meio digital — eles até têm manufatura lá. O *campus* tem impressoras 3D e departamentos de protótipos. Os alunos chegam lá sem nada e saem com um negócio. É tão emocionante para mim que isso exista."

"Minha primeira aula na Universidade de Cincinnati? Era chamada Orientação para os Negócios. Agora, lembre-se, eu me formei em uma pequena escola com 200 alunos em minha turma de graduação. Apareci para o meu dia neste primeiro curso e havia *800* jovens. Do alto da sala, olhei para baixo e vi que havia uma televisão. Uma gravação de vídeo começou e era do professor, pedindo desculpas, pois não poderia estar presente no primeiro dia de aula — anotem tudo direitinho e eu os verei na próxima semana. Esse foi o começo do fim, para mim, no quesito faculdade."

"Você jamais verá isso na Babson. Eles têm menos de 250 alunos e esse tipo de ambiente pequeno, focado para o aprendizado, produz resultados sérios. E isso ficou evidente nos *pitches* que aqueles alunos apresentavam. Eles tinham visão e oportunidades de negócios que já haviam iniciado. De muitas formas, aquilo completou o ciclo das coisas. Não foi só voltar ali 30 anos depois. Ver aqueles alunos foi como olhar a imagem espelhada do meu eu mais jovem. Foi realmente inspirador."

Você Também Pode Conseguir

Foi incrível ver Kevin interagindo com aqueles alunos. Levou-me de volta ao primeiro dia na Flórida com Mary ao meu lado, sentados na mesa de jantar — quando descobri que Kevin era o mentor que sempre procurei.

Mesmo com tudo o que alcançou, ele estava aberto a esses jovens empreendedores. Animado em ouvir suas ideias e vê-los fazer as coisas como fazia, já que tinha tanto sucesso. Pude ver em seus rostos que, em suas mentes, diziam a si mesmos que não havia como Kevin Harrington ouvir suas ideias. Aquele era o cara cujas realizações estavam todas listadas no Google, o que, para aqueles que não o conhecem, pode ser impressionante e intimidante. No entanto, você podia ver a mudança em seus rostos à medida que passavam do medo à empolgação, enquanto ele os ouvia atentamente e até se entusiasmava com as suas ideias.

Lembro-me de um livro publicado em 2012 por um cara chamado Bob Goff, cujo título era *O Amor Faz*. No final do livro, Bob dava seu número de telefone, de verdade. Sete anos depois, as pessoas ainda falam comigo sobre como ele usou o seu número real. Claro, se você ligar hoje para aquele número, há uma mensagem de Bob sobre outras maneiras de contatá-lo, já que ele não consegue atender a todas as ligações provenientes de um best-seller.

O que Goff fez foi humanizar-se para seus leitores e admiradores. Isso tirou o ar abstrato e místico em torno da sua pessoa, e o tornou uma pessoa *real*. Vendo Kevin falar àqueles alunos na sala de aula e interagir enquanto expunham suas ideias, vi o mesmo fenômeno ocorrer. Através dele, viram que também tinham o potencial de realizar o que ele havia realizado. Perceberam que poderiam conhecer Kevin Harrington e entender que ele era um empreendedor de coração, como eles.

Ele teve ideias, assim como eles. Fracassou, assim como eles. Ele se recuperou do fracasso e é transparente nos erros que cometeu, mostrando como eles criaram as bases para o enorme sucesso que Kevin conquistou hoje.

Voltar à Babson foi uma espécie de volta ao lar — uma oportunidade de fechar um círculo completo para Kevin, de muitas maneiras.

Ele deixou aqueles alunos, aqueles empreendedores emergentes, perceberem — assim como permitiu a mim, perceber — que eles também podiam conseguir.

Esperamos que você termine esse livro com a sensação de que encontrou um mentor em Kevin — e descobriu oportunidades para ser um mentor na vida de outra pessoa também. A jornada de orientação de Kevin está longe de terminar.

A sua também.

E, ao que parece, a minha também.

EPÍLOGO

"Temos Que Ser Timms"

Não é fácil mudar o curso da vida.

Quando cometemos erros, frequentemente os justificamos. Dizemos a nós mesmos que os erros vêm do amor e do desejo de fazer a coisa certa pela família.

E isso pode ser verdade.

Mas um erro é um erro e, se queremos fazer o certo por nós mesmos e pela nossa família, temos que fazer o melhor.

Isso é realmente difícil — e com frequência não sabemos se estamos fazendo a diferença.

Às vezes, temos que esperar anos para saber se há uma recompensa. Tentar mudar a dinâmica e os relacionamentos dentro de sua família, mudar a trajetória da maneira como seus filhos pensam e agem em relação a você, não é uma decisão da noite para o dia. Nem uma decisão de uma semana ou um mês.

Você toma essa decisão sabendo que pode levar anos para ver quaisquer resultados, sem saber quais eles serão.

Frequentemente, nos perguntamos como pais: "Acertamos nisso? Essa era a maneira certa de gastar o nosso tempo? Esta foi a decisão certa?" Às vezes, tomamos grandes decisões e nunca somos validados a ponto de saber se estávamos certos ou errados. Pode levar anos, décadas, até uma geração para descobrir.

É parecido com fundar uma empresa, não? Você faz uma aposta, rala por anos e, talvez, apenas talvez, dê certo.

Bem, com filhos e empresas pode demorar um pouco, mas você acabará descobrindo.

INDO PARA CASA, E VOLTANDO

Pouco tempo depois da experiência na Babson, recebi um convite para falar em um negócio chamado The Marketing Academy, em Budapeste, Hungria. A organização queria que eu fosse falar sobre táticas de marketing, porque tinham um forte desejo de levar o estilo norte-americano de vendas e marketing para a Hungria.

É importante lembrar que a Hungria é independente da associação com a ex-União Soviética há menos de 30 anos e, portanto, como país capitalista, de mercado livre e empreendedor, ainda está em sua infância. O espírito empreendedor está vivo lá, mas, de muitas formas, também é assustador. Ainda é algo bastante estranho para os residentes, que têm muitos temores em relação ao tema.

Uma coisa que teve resposta emocional para eles, no entanto, foi como sobreviveram durante séculos sendo constantemente ocupados por outros países. Eles foram a bola de pingue-pongue da Europa, se é que você me entende. Como tal, a família é de vital importância para eles. Isso os fundamenta, porque é como eles sobreviveram — por serem cercados por famílias unidas. Agora, nesta nova sociedade capitalista, mamãe não fica mais em casa. Ela é uma empresária, que vai ao trabalho para ajudar a sustentar sua família. Há uma nova dinâmica em ação.

Então, fui para a Hungria, onde seria o palestrante principal na conferência, falando sobre vendas — como "vender" não é um palavrão quando feito da maneira correta. Falei muito sobre Zig Ziglar. Incrivelmente, em uma sala com 400 empresários, quando perguntei quantos já tinham ouvido falar do Zig, pelo menos 350 mãos foram levantaram. Muito depois da morte de Zig, ele ainda conseguia causar impacto na Hungria.

Então, inclinei-me para isso, passando muito tempo falando sobre a filosofia de vendas de Zig, resolução de problemas e a ajudar as pessoas a conseguirem o que desejam.

Quando me abordaram com esta oportunidade, fiquei feliz em perceber que aconteceu de ela ser agendada para o início das férias de outono do distrito escolar. Isso significava que eu poderia levar a minha família. Meus dois filhos mais novos estavam servindo na ativa no exército dos EUA, mas meu filho mais velho, Markus, tinha acabado de completar seu treinamento militar formal e tinha algum tempo livre antes de sua próxima missão. Cassandra e Grace estavam de folga na escola, então estavam animadas para ir.

No último dia da conferência, os organizadores me perguntaram se eu poderia subir ao palco para compartilhar alguns pensamentos e ideias sobre a nossa família — principalmente sobre a minha filosofia de interação entre negócios e família. Eles disseram:

"Se não se importar, adoraríamos que seus filhos subissem ao palco para que o público pudesse ver que eles estão aqui com você. Talvez eles possam responder a algumas perguntas."

Eu já havia preparado algumas reflexões em torno da minha família e preparado as crianças para a ideia de que poderiam ser chamadas ao palco e que, talvez, tivessem que responder a algumas perguntas. Markus já havia estado no palco comigo antes, então sabia que ele ficaria bem. Mas Cassandra e Grace jamais haviam falado em um palco como aquele e, para ser franco, não tinham planejado isso, então eu não tinha certeza de como seria.

Um Grande Negócio

A conferência até aquele ponto foi extraordinariamente bem. O público e a organização realmente abraçaram a minha família e a nossa mensagem. Foi uma daquelas raras experiências em que você simplesmente sabe que está no lugar certo e na hora certa.

Quando eu me preparava para ir para o palco no último dia, o líder da organização me parou.

"Você fez um trabalho tão bom aqui e é um palestrante tão excelente que receio que se você subir ao palco e começar a falar da sua família, não teremos tempo para colocar os seus filhos lá. O público ouviu você falando a semana inteira. Vamos começar com seus filhos."

"OK, gostei da ideia." Fui até os meus filhos. "Ei, ao invés de vocês irem depois de mim, irão antes. O organizador fará algumas perguntas a vocês e, então, eu farei um discurso sobre a família."

Por Markus, tudo bem. Pelas minhas filhas, como esperado, nem tanto.

"Pai, não nos importamos de subir ao palco", Grace falou, "mas não queremos falar nada."

"Isso", Cassandra completou, "talvez Markus possa falar por nós."

"Isso mesmo", Grace disse. "Podemos apenas acenar e agradecer por nos receberem ou algo do gênero."

Sem querer forçar nada, concordei. Eles tomaram seus lugares no palco e Attila, o organizador da conferência, falou.

"Realmente adoramos passar um tempo com vocês. Foi realmente incrível. Conhecemos bem o seu pai nos últimos dias. Ele nos ensinou muito sobre o que aprendeu com Zig Ziglar e Kevin Harrington. Então, deixem-me perguntar a vocês: como é ser filho de um empreendedor que aprendeu todas essas coisas com esses mentores incríveis?"

Fazendo a Coisa Certa

Markus respondeu primeiro.

"Aprendi muito trabalhando e viajando com meu pai. O fato de ele ser um empreendedor me deu a oportunidade de ver e vivenciar coisas que mudaram a trajetória da minha vida."

Ele parou e olhou para os pés.

"Mas nem sempre foi assim. Meu pai estava fora o tempo todo. Ele viajava muito, quase não o víamos. Sentia que não o conhecia de verdade. E isso era difícil. Mas quando ele percebeu que não estava dando à sua família o que dava aos seus negócios, tudo mudou. Ele começou a acertar — e seus acertos mudaram a minha vida."

"Antes desse acerto, a última coisa que eu queria era ser empresário. Não queria esse estilo de vida. Agora, temos um relacionamento mais forte do que nunca e eu também sou um empresário, porque ele me mostrou como posso fazê-lo da maneira certa."

Eu estava em choque.

Então, Grace pegou o microfone. Ela limpou sua garganta e a minha apertou.

"Não sou nem de longe boa oradora como Markus", ela disse, com a voz trêmula, "e estou bem nervosa. Não tenho qualquer história divertida, então vou compartilhar o que está no meu coração. Foi muito, muito difícil ser filha de um empresário como o meu pai. Mas quem ele é agora fez uma grande diferença em minha vida. Fiz coisas que nunca pensei que poderia fazer, e por causa dele."

Conforme ela falava sobre seus projetos com os sapatos e a cirurgia do garoto na África, olhei para o público. Não havia uma pessoa que não estivesse chorando — inclusive eu.

Então, Grace deu o microfone para Cassandra, a mesma que estava determinada a não falar, alguns minutos atrás.

"Eu saí da escola normal para viajar com meu pai por um ano, o que foi uma experiência incrível." Ela olhou para fora do palco, para mim, então voltou para o público. "Mas antes disso, eu não tinha um bom relacionamento com ele."

Suas palavras me atingiram como um soco no estômago.

Sempre soube que isso era verdade — que tinha dado à minha família apenas uma fração de mim, por causa dos meus negócios. Que minha relação com minha mulher e meus filhos sofria em nome do sucesso. Por isso parei na rampa da minha garagem naquele dia, anos atrás. Mas ouvir aquelas palavras em voz alta quase me tirou o chão.

O que me manteve de pé foi o que ela disse a seguir.

"Mas quando percebemos que a sua vida empresarial e a familiar não precisavam ser separadas — não podiam — foi quando desenvolvemos um verdadeiro amor e respeito um pelo outro. Isso não teria acontecido se ele não fosse um empreendedor. Ele apenas precisava se tornar o tipo *certo* de empreendedor. Sou muito grata por ele ter feito isso e ainda mais grata por chamá-lo de pai, porque ele é legal."

Quando vieram para os bastidores, eu os abracei mais forte do que nunca. Era eu quem estava grato — por eles e por eu ter feito a escolha certa anos atrás, sentado na rampa da minha garagem.

Aquele momento na Hungria foi, sem dúvida, um dos mais importantes de toda a minha vida.

Nem Todos eram Timms

Você me seguiu nesta jornada, e, por isso, quero ter a oportunidade de ser completamente transparente.

Embora tenha feito um discurso apaixonado sobre o que significava ser filha de um empresário e o que aprendera com isso, Cassandra não é minha filha biológica.

Minha esposa, Ann, e eu temos uma família mista. Eu tenho duas filhas e um filho. Ann tem dois filhos e uma filha. Nós somos *A Família Sol-Lá-Si-Dó* dos dias de hoje.

Quero compartilhar isso com você porque sei que muitos leitores são empresários que lutam para manter suas famílias unidas.

Alguns de vocês podem ser divorciados ou terem sofrido o impacto do divórcio de alguma forma, ou seus filhos sofreram.

Ter esse "negócio de família" criou o terreno comum para as nossas duas famílias se fundirem. Em vez de habitar o mesmo espaço, viramos uma unidade.

No início, pensamos erroneamente que, pelo fato de ambos termos a guarda de nossos filhos de casamentos anteriores, tudo ficaria bem. Eles seriam irmãos e irmãs e tudo ficaria ótimo

Não foi assim. Tudo era dele e dela, deles e nossos. Pode ser extremamente difícil misturar uma família — principalmente irmãos. Eles precisam de algo em comum para se basear e ter uma frente unificada.

Lembre-se que decidimos incorporar nossas famílias. Fizemos literalmente isso. O nome da nossa empresa é 2BTimms. Quando decidimos fazê-lo, Cassandra, assim com Kavyn e Zachary — filhos da Ann — não tinham meu sobrenome. Quando anunciamos o negócio de família e passamos a fazer assembleias de acionistas, Cassandra falou:

"Se seremos acionistas no negócio da família, então temos um problema aqui", ela disse.

"E qual é?", Perguntei.

"Não temos o sobrenome correto. Se é 2BTimms, então precisamos ser Timms."

Aquilo trouxe lágrimas aos meus olhos. Com isso, nossos filhos pediram para mudar o sobrenome para Timm. Veja você, eles eram mais velhos naquele momento, todos adolescentes.

O que ainda é impressionante para mim é que não foi o fato de eu ter me casado com a mãe deles que os fez querer mudar o sobrenome. Era o fato de que, agora, eles tinham um terreno comum — um idioma comum para falar, de modo que pudessem se relacionar e realmente se sentir como uma família.

Todos nós fomos — e somos — parte do negócio de família.

E Você?

É minha esperança sincera, e de Kevin, que este livro tenha ajudado você a encontrar o seu momento "garagem" — que, neste livro, você tenha descoberto algumas maneiras não só de melhorar seus empreendimentos empresariais e expandir os seus negócios, mas também de expandir os seus relacionamentos.

Nós te convidamos a compartilhar conosco como você lutou para fundir a sua empresa com a sua família. Envie um e-mail para story@mentortomillionsbook.com e conte a sua história.

Esperamos ouvi-la em breve.

RECURSOS GRATUITOS PARA O SEU SUCESSO

10 Passos para um *Pitch* Perfeito
Kevin Harrington

Torne-se um mestre do *pitch* e crie o seu *pitch* perfeito em poucos minutos. Você aprenderá o MÉTODO COMPROVADO de Kevin que disparou mais de vinte negócios para mais de 100 milhões de dólares em receita e criou milhares de milionários de primeira viagem!

www.kevinharrington.tv/perfectpitch

Roteiro para Pessoas-Chave de Influência
Kevin Harrington

Este é um roteiro completo, com o qual você descobrirá o sistema de sete passos para se tornar um especialista altamente valorizado e solicitado em seu setor e usará esta plataforma para preparar o seu negócio para um crescimento exponencial.

www.kevinharrington.tv/kpi

Podcast Sharkpreneur
Kevin Harrington

O podcast Sharkpreneur apresenta Kevin Harrington, Seth Greene e alguns dos principais líderes de negócios de hoje, compartilhando uma conversa franca sobre o que é necessário para arrasar em seus negócios.

www.kevinharrington.tv/podcast

Você Pode Vencer em Casa
Como Vence no Trabalho
Mark Timm

Os líderes empresariais podem ter grande sucesso no trabalho, mas se sentem totalmente perdidos quando se trata de filhos e família. Mas não tem que ser assim. E se você dirigisse sua família como dirige seus negócios? O fato é que os líderes empresariais já sabem mais do que pensam sobre como serem pais confiantes. Este livro compartilha cinco estratégias comprovadas para vencer em casa como você vence no trabalho.

www.marktimm.com/win

Passos Essenciais para Reuniões de Família Produtivas
Mark Timm

O Guia de Reunião de Família o ajudará a começar e superar erros comuns que os pais cometem ao tentarem conduzir reuniões familiares produtivas.

www.marktimm.com/familymeeting

Podcast Family CEO
Mark Timm

O podcast Family CEO apresenta Mark Timm e alguns dos empresários mais bem-sucedidos de hoje que não são apenas gurus de negócios de sucesso, mas também dão grande importância à liderança de suas famílias. Este podcast tem como objetivo equipar você com técnicas comprovadas para liderar a sua família com confiança e clareza, bem como prosperar nos negócios. Você já tem TUDO o que precisa para liderar sua família para o sucesso e um legado duradouro.

www.marktimm.com/podcast

MAS ESPERE, AINDA TEM MAIS!

Olá, leitores! Aqui é o Kevin Harrington.

A não ser que você tenha vivido em uma caverna nos últimos 30 anos ou mais, já viu muitos infomerciais. Na verdade, aposto que existem alguns itens em sua casa que você pode ter comprado de um — talvez até algum apresentado por mim.

Sabe aquele sentimento de estar sendo observado? Como cada pequeno detalhe o deixava cada vez mais perto de tirar aquele cartão de crédito de sua carteira ou bolsa? Então, quando você estava pronto para discar aquele número gratuito, o locutor, como se soubesse que você estava com o telefone na mão, gritava com você através da tela:

"Mas espere — ainda tem mais!"

E você esperava. Mesmo que estivesse prestes a fazer o pedido, ainda tinha um pouco de hesitação. Você se perguntava se realmente queria fazer aqueles quatro pagamentos prometidos e fáceis. Em seguida, eles te atingiam com o argumento decisivo — o bônus adicional que tornava a venda uma conclusão precipitada.

Referimo-nos a isso como *empilhamento de valor*. Pense no conceito dessa forma: a venda transacional, ou *pitching*, é como uma balança. O preço fica de um lado da escala, enquanto as características e os benefícios do produto oferecido ficam no outro. Um consumidor só vai comprar aquele produto quando a balança pender a seu favor — quando o produto tiver mais valor do que o preço que está pagando por ele.

Muitas vezes, no mundo do infomercial, o vendedor criava um cenário no qual o consumidor podia ver o valor de sua compra, mas a balança era praticamente uniforme. Eles estavam prestes a comprar, mas precisavam de um motivo para discar aquele número.

"Mas espere — ainda tem mais!" Foi o que os levou ao limite — quando os clientes dizem "estou dentro" e se comprometem com o produto. Ao falar com os clientes "Não compre ainda, porque o que vou lhe oferecer vale muito mais do que ofereci até aqui", os vendedores deixavam para eles o que consideram uma oferta verdadeiramente irresistível.

Isso os levava àquele ponto psicológico com tanta frequência, e sucesso, que praticamente todos os profissionais de marketing de televisão adotaram a estratégia, porque essencialmente significava que eles poderiam escalar para um produto de 100 milhões de dólares. Na verdade, a prática se tornou tão bem-sucedida que a frase se tornou parte do nosso léxico cultural.

Então, por que estou lhe contando isso?

Porque penso que mesmo que você tenha gostado do livro e visto valor em seus princípios, ainda deve estar pensando: *Como é colocar essas coisas em ação no mundo real? Como posso fazer esses princípios funcionarem para mim?*

Você consegue adivinhar o que vou dizer?

Mas espere — ainda tem mais!

Isso mesmo, amigos, estou prestes a deixá-los perplexos com algum valor agregado que permitirá que você coloque essas estratégias para funcionar. Vou compartilhar com você como usamos cada conceito, nos capítulos anteriores, para colocar este livro em suas mãos.

Lembra-se de que, no capítulo nove, falamos sobre o CEO e cofundador que saiu do próprio caminho ao se demitir para que a empresa pudesse escalar?

Se você ainda não adivinhou, aquele era ninguém mais, ninguém menos do que Tucker Max, fundador da Scribe Media.

Você deve estar me perguntando: "O que me importa se era Tucker Max e por que eu deveria me importar com a Scribe Media?"

É simples. Os princípios deste livro, que ensinei a Mark Timm — e, por extensão, a você — nos levaram a Tucker e a sua empresa. Fizemos dele e da Scribe Media parte da nossa equipe dos sonhos, para que pudéssemos compartilhar esses conceitos e ideais com você.

Primeiro, tivemos que *ter a mentalidade certa* sobre escrever um livro. Imaginamos vivamente, desejamos ardentemente, acreditamos sinceramente e agimos com entusiasmo em nosso desejo de criar um livro para nossos colegas empresários, então sabíamos que ele inevitavelmente aconteceria. No entanto, sabíamos que nenhum de nós sabia escrever um livro, mas não podíamos deixar nosso medo nos impedir de agir.

Então, tivemos que *ativar a nossa curiosidade agressiva*. Isso veio na forma de perguntar a qualquer pessoa que encontrávamos, mas principalmente a pessoas que conhecíamos e confiávamos: "Quem você conhece que pode nos ajudar a escrever um livro?" Felizmente para nós, não levou muito tempo até sermos colocados no caminho da Scribe Media.

Então, tivemos que *concentrar e traçar um plano*. Só porque encontramos uma empresa que poderia nos ajudar a concluir aquela meta não significava que não seria preciso planejamento da nossa parte. Havia um compromisso a ser firmado. Agendas para acomodar e reorganizar. No entanto, não podíamos planejar isso até a morte. Depois que descobrimos 80% do caminho, havia apenas uma coisa a fazer.

E era *agir* — e isso foi o mais simples possível. O tempo para falar sobre como escrever o livro havia acabado. Então, era a hora de fazê-lo.

Enquanto nos envolvíamos no processo, houve ocasiões em que tivemos que *ir do fracasso à fênix*. Descobrimos que certas histórias não estavam sendo comunicadas como pretendíamos ou que não eram relevantes para a lição que tentávamos compartilhar. Recuar, reformular e aprender com o que não funcionou apenas tornava o processo mais eficiente à medida que avançávamos.

Trabalhar com Tucker e sua equipe foi o principal exemplo de *multiplicar os nossos esforços*. Alcançamos o resultado exponencial de colocar este livro em suas mãos porque nos certificamos em focar em quem nos ajudaria a escrevê-lo, e não em como o faríamos.

Como resultado deste empreendimento de sucesso, Tucker e a Scribe Media, como mencionei, são agora parte integral da nossa equipe dos sonhos. Quando decidirmos escrever mais livros — e iremos — a Scribe Media será a nossa referência para esses projetos. Não poderíamos tê-lo feito sem eles.

No final, a única maneira de ter *escala* ao escrever esse livro era perceber que precisávamos sair do nosso próprio caminho e deixar outra pessoa assumir o controle. Mark e eu não poderíamos estar mais felizes com o produto final — e espero que você também esteja.

Mas, para nós, não é o suficiente esperar que você esteja satisfeito com o livro. Queremos que você saia sentindo que ele tem mais valor do que pagou.

O fato de este livro estar em suas mãos prova que os princípios funcionam. E se você foi colocado nesta terra para impactar milhões e a única coisa que o impede é a dificuldade de dizer o que está preso dentro da sua cabeça e do seu coração? Sabemos que, como companheiros empreendedores, vocês têm uma história para contar. E embora possamos ter histórias para contar, nem todos somos contadores de histórias. Mas isso não deve te impedir de compartilhar o que sabe com o mundo.

A missão de Tucker e sua equipe na Scribe Media é "Destrancar a Sabedoria do Mundo", e Mark e eu queremos lhe entregar a chave. Nós te convidamos a conhecê-los em www.mentortomillionsbook.com/scribe. Esperamos ver o seu livro no mundo, como o primeiro passo em seu caminho para orientar outras pessoas.

Obrigado por nos acompanhar nesta jornada. Esperamos encontrá-lo em algum lugar na sua.

AGRADECIMENTOS

Kevin Harrington

Gostaria de agradecer a algumas pessoas especiais por tornarem esse livro possível.

Quero começar agradecendo às pessoas mais importantes da minha vida: minha família.

Minha mãe, Mary, e minha esposa, Crystal, que me guiaram e me ajudaram a lidar com os altos e baixos de ser um empresário.

Meus dois filhos, Brian e Nicholas, é claro — ambos são fonte de inspiração e a razão para eu trabalhar tão duro.

E meus netos, que me mantêm motivado todos os dias para continuar e levar o nosso legado adiante.

Agora, gostaria de agradecer à equipe por trás do livro.

Primeiro, quero agradecer a Tucker Max e sua equipe na Scribe Media. A Scribe me permitiu contar toda a minha vida e garantir que fosse organizada de uma forma que ajudasse a ensinar o mundo. Sua abordagem durante todo o processo trouxe histórias minhas que eu havia esquecido há anos. Tucker moldou pessoalmente esse livro e a minha parte nele, fazendo dele o melhor possível, não apenas para mim, mas para todos.

Em segundo lugar, quero agradecer a John Vercher, também da Scribe. Tucker fazia parte da visão deste livro, mas John teve o trabalho real de fazer a ideia funcionar nas páginas e, por isso, merece um crédito imenso. Se esse livro for bem lido, é por causa de John.

Em terceiro lugar, Reid Tracy, o dono da Hay House, Anne Barthel, nossa editora, e o resto daquela equipe fantástica. A Hay House tem sido incrível em seu trabalho conosco. Todo mundo foi de primeira linha. Reid Tracy é um visionário que se arriscou com a ideia de um livro que era muito diferente do livro de negócios convencional. A indústria editorial, assim como qualquer outra, está mudando. Vejo Reid liderando o caminho e tenho orgulho de fazer parte disso.

Também quero agradecer a todos os meus parceiros de negócios, fornecedores, provedores de serviços e a todos ao meu redor que trabalham comigo em qualquer função. Não vou citar todos aqui, mas se você trabalha comigo em qualquer cargo — seja como parceiro, investidor, provedor de serviços ou qualquer coisa do tipo —, obrigado. Sou muito grato. Não é possível fazer isso sozinho e eu valorizo muito você. O empreendedorismo é uma batalha em que é necessário ter uma equipe sólida; então, obrigado a todos com quem trabalhei no passado, trabalho no presente e trabalharei no futuro!

Também agradecemos ao nosso amigo Eric "ERock" Christopher, que ajudou em muitas coisas, incluindo o nome do livro.

Por fim, mas longe de ser menos importante, preciso mencionar meu coautor, Mark Timm.

AGRADECIMENTOS

A jornada em que ambos estivemos desde que nos conhecemos tem sido fenomenal. Passamos incontáveis horas juntos, viajando, jogando golfe, conversando, nos conectando e, claro — começando negócios juntos. Esse tempo tornou o livro o que é. Embora eu tenha trabalhado com a família por toda a minha vida, a perspectiva que ele me deu sobre os negócios e a família foi uma virada de jogo completa. Mesmo tendo sido o mentor de Mark, ele provavelmente me ajudou pelo menos tanto quanto o ajudei — especialmente em termos de família — e por isso, serei eternamente grato.

Mark Timm

É impossível agradecer a todos que tiveram um impacto de tornar este livro uma realidade, mas há alguns que merecem atenção específica aqui.

Primeiro, como homem de fé, dou todo o crédito por quem eu sou, e espero sempre ser, para Deus, o criador e doador de todas as coisas. Obrigado por me abençoar com pessoas incríveis na minha vida!

Minha esposa, Ann, por me apoiar durante todo o processo de escrita desse livro. Desde o momento em que Kevin e eu nos comprometemos com este projeto, estou certo de que ela não sabia que seria minha audiência enquanto eu desenvolvia cada capítulo e conceito do livro com ela, antes de colocar no papel. Obrigado por sua paciência, por me ouvir, por sua contribuição tão necessária e por apenas sorrir para mim quando terminava uma longa crítica apaixonada sobre um dos conceitos do capítulo. Às vezes, aquele sorriso era tudo o que eu precisava para abastecer meu tanque para o próximo capítulo.

Meus seis filhos, Markus, Kavyn, Zachary, Mary, Cassandra e Grace. Ser o pai de vocês é a maior alegria e realização da minha vida. Obrigado por todas as nossas muitas aventuras e pelas lições de vida que vocês me ensinaram e me permitiram ensinar a vocês. E, acima de tudo, obrigado por me permitir compartilhar muitas dessas coisas nesse livro, na esperança de que outras pessoas possam aprender e se beneficiar delas. Estou muito orgulhoso de cada um de vocês.

Meus pais, Larry e Ruth Timm, meu irmão, Ron, e minha irmã, Becky, obrigado por sempre estarem aqui por mim. Meus pais merecem muito crédito por esse livro, pelo tanto de sacrifício que fizeram por mim ao longo de minha vida e por terem dado tantos exemplos para eu seguir. A ética de trabalho e os valores que eles incutiram em mim quando jovem são, em grande parte, o que me tornou o homem que sou hoje e o que me dá o desejo intenso de compartilhar com minha própria família e com tantas outras pessoas que possam ouvir.

Meus primeiros mentores, vovôs Charlie, Bob e Wade. Fui incrivelmente abençoado por ter todos esses três homens fortes e amantes de Deus em minha vida durante toda a minha juventude. Eles me ensinaram a amar, viver e liderar. Serei eternamente grato por cada um desses homens e pretendo passar o resto da minha vida vivendo de acordo com o legado que eles deixaram.

Os filhos de Zig Ziglar merecem um agradecimento especial. Obrigado, Tom, Julie e Cyndi, por confiarem em mim o suficiente para me apresentarem a Kevin Harrington. Valorizo de verdade a nossa amizade e a fé que cada um de vocês tem. Não posso deixar de sorrir toda vez que penso em vocês e sei que seu pai está sorrindo do Céu para cada um. Vocês são o seu legado vivo!

Tucker Max, por dedicar um tempo para realmente ouvir as histórias que Kevin e eu estávamos compartilhando e por mergulhar no conceito desse livro. O *Mentor para Milhões* não teria acontecido sem a sua visão e direção. E seu lembrete constante de que a única coisa que importa para ter um livro de sucesso é, primeiro, "escrever [o bendito] do livro". Embora você possa ter dito isso com uma linguagem um pouco mais direta!

Reid Tracy e toda a equipe da Hay House. Reid, você e a sua equipe apostaram em mim e em Kevin e forneceram o catalisador e o compromisso para entregarmos um manuscrito digno da Hay House. Obrigado por acreditar em nós, e por sua amizade.

John Vercher, obrigado pelas várias horas que passamos juntos nesse livro. Lembro-me de pensar, após a primeira semana, em como seria difícil completar as doze semanas escrevendo. Mas seu encorajamento constante e sua habilidade de elevar ideias e narrativas foi realmente linda. As semanas voaram e estamos todos muito orgulhosos do manuscrito final.

Brian, Izabela, Chris, Ronda, Tifny, Lori, Melanie. Vocês representam a "EQUIPE" que trabalhou incansavelmente por trás das cenas para apoiar, criticar e inspirar esse livro a se tornar uma realidade. Kevin e eu não podemos agradecer o suficiente por seus esforços e incentivos.

Meu mentor e coautor deste livro, Kevin Harrington. Deixei Kevin para o final porque é difícil demonstrar o seu impacto. Ainda me lembro da nossa primeira conversa e da minha primeira visita à sua casa. Em ambos, eu tinha um dos meus filhos ao meu lado. Você os acolheu imediatamente por estarem comigo, foi gentil com eles e os encorajou. Essa bondade e esse acolhimento prepararam o terreno para que eu desejasse me tornar o seu melhor aluno, pois você me proporcionou orientação e sabedoria. Obrigado por todas as muitas aventuras e horas de conversas que moldaram nosso relacionamento. Também quero agradecer à sua esposa, Crystal, por compartilhar o marido, e aos seus filhos, Brian e Nick, por compartilharem o pai comigo nos últimos anos.

Por fim, a todos os empresários, líderes de negócios e leitores desse livro que desejam ter mentores e serem mentores para os outros, muito obrigado! Serão vocês quem mudarão o mundo, um mentor por vez!

SOBRE OS AUTORES

Como um "shark" original no programa de sucesso *Shark Tank*, o criador do infomercial, pioneiro da marca *As Seen On TV* e membro cofundador do conselho da *Organização dos Empreendedores* (EO), **Kevin Harrington** superou todas as dúvidas e desculpas para ter sucesso cem vezes repetidamente. Seu trabalho lendário por trás das cenas em empreendimentos produziu mais de 5 bilhões de dólares em vendas globais, o lançamento de mais de 500 produtos e fez dezenas de milionários. Ele lançou produtos de enorme sucesso, como The Food Saver, Facas Ginsu, A grande *Wok* da China, The Flying Lure e muitos outros. Trabalhou com celebridades incríveis, como Billie Mays, Tony Little, Jack LaLanne e George Foreman, para citar alguns. Kevin é conhecido como o Empreendedor dos Empreendedores e o Empreendedor das Respostas, porque conhece os desafios únicos das start-ups e tem uma paixão especial por ajudar os empreendedores a terem sucesso. Website: kevinharrington.tv.

Mark Timm é empreendedor em série e praticante do pensamento exponencial há duas décadas. Fundou mais de uma dúzia de empresas, várias das quais se multiplicaram e foram vendidas. Fala profissionalmente há mais de 25 anos, dando milhares de palestras para mais de um milhão de pessoas em todo o mundo. O maior valor de Mark é ser um colaborador mestre que une as pessoas para realizar muito mais do que qualquer um imaginou. Sua visão estratégica permite que ele veja possibilidades futuras e posicione estrategicamente ativos e sistemas para aproveitar ao máximo o que está por vir. Hoje, Mark acredita que sua função mais importante é a de CEO da empresa mais valiosa do mundo: sua família de seis jovens adultos, com sua esposa, Ann. Sua própria experiência de lidar com desafios empresariais alimenta sua paixão por ajudar as pessoas a equilibrarem as demandas da vida familiar e empresarial. Website: www.marktimm.com.

ÍNDICE

SÍMBOLOS

2BTimms **141**. *Consulte* Família Timm

6 meses x 5 anos (Planejamento) **48–50**

9 Componentes (Quadro de Modelo de Negócios) **51**

10 Passos para um Pitch Perfeito **143**. *Consulte* Pitch

A

A Arte da Negociação **67–69**

A Ascensão **126–127**

Ab Isolator **82–83, 117**. *Consulte* Tony Little; *Consulte também* Gazelle

A Caminho do Topo **15**. *Consulte também* Os Segredos da Arte de Vender; *Consulte* Zig Ziglar

Acordo Justo **19–21, 92–94, 98**

Alexander Osterwalder **51**. *Consulte* Business Model Generation (Osterwalder)

Amazon **37, 113, 117**

Ann Timm **141, 155**. *Consulte também* Família Timm

A Nova Ascensão **131–132**

Antiferrugem **10–12**

A Queda **129–132**

Arab Radio and Television Network - ART **70–71**

Armadilha Empresarial **63, 117**

Arnold Morris **89–90, 94, 97, 101–104, 126–127**. *Consulte também* Facas Ginsu

As Seen On TV **67**

B

Babee Tenda **9–10**. *Consulte também* Objeção (isolar a)

Babson College **123–124**

Barril (Harrington's Irish Pub) **5–6**

Bebida Energética. *Consulte* Celsius (Bebida Energética)

Better Business Bureau **127**

Bill Gates **43**

BizOp Classified **14**

Blockbuster **116**

Bob Goff **134**

Bootstrapper **105**

Borboleta no Casulo. *Consulte* Metáfora da Borboleta no Casulo

Born to Win (conferência) **XIX**

Brian Harrington **19, 22, 132**

Business Model Canvas **50**

Business Model Generation (Osterwalder) **51–53**. *Consulte* Alexander Osterwalder

C

Canvas (Quadro Branco) **50–52, 59**

Cassandra Timm **26–28, 137–141, 155**. *Consulte* Família Timm

Celsius (Bebida Energética) **118**

Chubby Checker **77**

Clube da Continuidade **128–129**

Corretor de Franquias. *Consulte* Franquias

Cottage Garden **56**

Crescimento Exponencial **28, 30, 88, 92, 115–116**

Crescimento Linear **20, 88, 91–97, 115–117**

Curiosidade Agressiva **35–36, 50, 149**. *Consulte também* Saco de Lixo

D

Dan Sullivan **90**

Diagrama Espinha de Peixe (Ishikawa) **52–53**

Discovery Channel **39, 92**

Do Fracasso à Fênix **22, 83–86, 129, 131, 150**

Donald Trump **67–69**

E

Edwin (escoliose) **72**. *Consulte também* Grace Timm

Empilhamento de Valor **148**

Empreendedor dos Empreendedores **14–15, 21**

Entrepreneur Franchising Center **38**

Entrepreneur (revista) **14, 38–39, 123**

Equipe dos Sonhos **98, 149–150**

Equipe dos Sonhos da Família **108–109**

Equipe dos Sonhos Executiva **110**

Escalabilidade **XXII, 19–20, 28–30, 41, 57, 63–65, 92–98, 103–104, 127, 149–150**

Escalabilidade com a Família **28, 121**

Estudo de Caso. *Consulte* Babson College

Exponencial. *Consulte* Crescimento Exponencial

F

Facas Ginsu **89, 101, 127**. *Consulte* Arnold Morris

Facebook **62, 114**

Família de Facebook **25**

Família Harrington. *Consulte* Brian Harrington

Família Timm. *Consulte* Grace Timm; *Consulte* Markus Timm; *Consulte* Ann Timm; *Consulte* Mary Timm; *Consulte* Cassandra Timm; *Consulte também* 2BTimm

Fênix. *Consulte* Do Fracasso à Fênix

Fibra de Carbono. *Consulte* Limpador de Óculos

Fifth Third Bank **4**

Financial Times **123**

Flo Rida **118–119**

FOFA (SWOT) **50**

Franchise America **14, 38–39**

Franquias **14, 40, 88–90, 115–116**

G

Gannett **53**

Gazelle **83**. *Consulte* Tony Little; *Consulte também* Ab Isolator

GoFundMe **72**
Google **37**
Grace Timm **58, 72–73, 96–98, 108–110, 121–122, 137–140, 155**. *Consulte* Família Timm; *Consulte também* Edwin (escoliose)
Guardian (antiferrugem) **11–13**
Guia de Reunião de Família **145**

H

Harrington Enterprises (Franquias) **14**
Harrington's Irish Pub **5**
Holograma **34–35, 94**
Hóquei. *Consulte* Metádora do Taco de Hóquei
HSN **114**
HVAC **12**. *Consulte* Trane (empresa)

I

Income Opportunities (revista) **14**
Infomercial **XVIII, 15, 37–43, 68–70, 88, 101–103, 120, 126, 131, 147–148**
Isolar a Objeção **10**

J

Jabuti. *Consulte* Metáfora do Jabuti no Alto da Árvore

L

Lago (Pescar no Próprio) **94–97**
Limpador de Óculos **113–116**
Linear. *Consulte* Crescimento Linear; *Consulte também* Relações Transacionais

L'Oréal **103–104**
Louis Kispert **4**

M

Magic Fingers **7**
Marcelo Claure **91**
Mark Cuban **3**. *Consulte* Shark Tank
Markus (empresa) **63–65**
Markus Timm **XIX, 85–86, 93, 108–109, 137–139, 155**
Mary's Moments **63–64**
Mary Timm **XVIII, XX–XXI, 1–6, 59, 84, 97–98, 155**
Masterminds **62, 72, 95**
Medo **22–24, 54, 69–72**
Messerschmitts **79**
Metáfora da Borboleta no Casulo **84**
Metáfora do Jabuti no Alto da Árvore **10, 29–31**
Metáfora do Taco de Hóquei **115, 118**
MG Midget **5–6, 11**
Multiplicar Valor. *Consulte* Pensamento Exponencial

N

National Media **131**
Neil Balter **14**
Netflix **116**
Nove Componentes **51**. *Consulte* Quadro Branco (Canvas)

O

O Amor Faz **134**. *Consulte* Bob Goff
Objeção. *Consulte* Isolar a Objeção

Oceano
  Oceano Azul **112–113**
  Oceano Vermelho **112–114**
Óculos. *Consulte* Limpador de Óculos
Orbit **70–71**
Organização dos Empreendedores (EO) **15**
Os Segredos da Arte de Vender **40**. *Consulte também* A Caminho do Topo; *Consulte* Zig Ziglar
Own Your Own Business **40**
OxiClean **41**

P

P-40 **79**
Paralisia da Análise **69, 76**
Paul J. Meyer **21**
Pensamento Exponencial **20, 87–90, 96, 115**
Petauro-do-açúcar **97–98**
Pitch **41, 68, 70–71, 80, 88, 102, 113, 125, 133, 148**. *Consulte* Vendas
  10 Passos para um Pitch Perfeito **143**
Pivotar **13–16, 23, 49, 53–54, 57, 75, 83**
Plano de Negócios de Seis Meses **49, 53–55**
Plano de Negócios de Cinco Anos **49–52**
  Nove Componentes **51**
Plano Perfeito **47**
Podcast Family CEO **145**
Podcast Sharkpreneur **144**
Princeton Review **123**
Proactiv **41**

Procrastinação dos Perfeccionistas **23–25, 48**
Psicologia da Precificação **116–117**
Pump and Dump **119**

Q

Quadro Branco (Canvas) **50**. *Consulte* Nove Componentes
Quadro de Modelo de Negócios **50, 53–54**
Quantum Direct **128**
Quantum Marketing International Inc. - QMI **126**
Quem Pensa, Enriquece **6–7**
QVC **114–115**

R

Relações Transacionais **92–94**
Relações Transformacionais **92–94**
Roger Babson **123–124**
Roger Bannister **23–25**
Roteiro para Pessoas-Chave de Influência **143**

S

SaaS (Software as a Service) **117**
Saco de Lixo **35–40, 42**. *Consulte também* Curiosidade Agressiva
Saleh Kamel (Xeique) **70**
Santo Graal **111**
Scribe Media **149, 154**
Seth Greene **144**
Shark Tank **XVIII, XX–XXI, 2–3, 107**. *Consulte também* Mark Cuban

Shoes for Change **59–60, 96–98**
Sprint **91–92**
StarShop **91–92**
Subway **38**
Sucesso x Confiança **69–72**
SWOT (FOFA) **50**

T

Taco de Hóquei. *Consulte* Metádora do Taco de Hóquei
Tempo como Margem **33, 44**
Teste de Personalidade DISC **XVII, 109**
Teste StrenghtsFinder **109**
The Marketing Academy (Hungria) **136**
The Small Business Center **14**
Tipologia de Myers-Briggs **109**
Tommy Williams **4**
TOMS Shoes **97**
Tom Ziglar **XIII, 53, 156**. *Consulte* Zig Ziglar
Tony Little **82–83, 117**. *Consulte também* Ab Isolator; *Consulte também* Gazelle
Tony Schwartz **67**
Trane (HVAC) **12**
Transacional. *Consulte* Relações Transacionais
Transformacional. *Consulte* Relações Transformacionais
TravelSquad **132**
Tri State Heating and Cooling **13**
Tucker Max **149–150, 154, 156**
Twist-A-Sizer **77**

U

Universidade de Cincinnati **133**
Upsell **67, 110**. *Consulte também* Vendas
USA Today **53**
U.S. News & World Report **123**

V

Vendas. *Consulte* Pitch
 Técnicas de Fechamento **40–46**
 Upsell **67, 110**
Você Pode Vencer em Casa Como Vence no Trabalho **144**

W

Walmart **113**
Warren Buffett **43**
Wealth Bowl **18**
WeWork **15**
WHSmith **120**
Wok **127**

X

Xeique Saleh Kamel **70–74**
Xponential Inc. **79–81**

Z

Ziglar Family (projeto) **XXI–XXII, 48**
Zig Ziglar **XIX, 15, 23–24, 29, 40, 41, 65, 69, 72, 81, 122, 137**. *Consulte também* Born to Win (conferência); *Consulte também* Os Segredos da Arte de Vender; *Consulte* Tom Ziglar